中、下承式拱桥健康监测实践

何　伟　著

中国环境出版社 · 北京

图书在版编目（CIP）数据

中、下承式拱桥健康监测实践/何伟著．—北京：中国环境出版社，2017.8
ISBN 978-7-5111-3236-9

Ⅰ.①中… Ⅱ.①何… Ⅲ.①中承式桥—拱桥—安全监测 ②下承式桥—拱桥—安全监测 Ⅳ.①U448.22

中国版本图书馆 CIP 数据核字（2017）第 148753 号

出 版 人　王新程
责任编辑　张于嫣
责任校对　尹　芳
封面设计　彭　杉

出版发行　中国环境出版社
（100062　北京市东城区广渠门内大街 16 号）
网　　址：http://www.cesp.com.cn
电子邮箱：bjgl@cesp.com.cn
联系电话：010-67112765（编辑管理部）
　　　　　010-67150545（建筑分社）
发行热线：010-67125803，010-67113405（传真）
印　　刷：北京中献拓方科技发展有限公司
经　　销：各地新华书店
版　　次：2017 年 8 月第 1 版
印　　次：2017 年 8 月第 1 次印刷
开　　本：850×1168　1/32
印　　张：5.5
字　　数：155 千字
定　　价：19.00 元

前　言

随着交通事业的发展，车辆荷载、交通流量和行车速度不断提高，加上一些不可预测的自然破坏力，都将危及桥梁结构的安全。所以，应采用先进的实验手段和测试技术，定期对桥梁的结构性能进行检测，根据实测数据评价桥梁的健康状况，给桥梁营运阶段的养护工作提供科学可靠的数据，给桥梁安全使用提供可靠的保证。

桥梁健康监测与检测就是一种从桥梁营运状态中测试获取并处理数据、评估桥梁的主要性能指标（如承载能力、可靠性、耐久性等）的有效方法。它结合了无损检测（NDT）和结构特性分析（包括结构响应），目的是诊断结构中是否有损伤发生，判断损伤的位置，估计损伤的程度以及损伤对结构将要造成的后果。

中、下承式拱桥，以其受力合理、造型美观、较好地适应地基条件、建筑高度低及桥下通航利用率高等优点，常作为重要大跨桥梁首选形式，因而该类型桥梁的健康监测更显重要。

本书根据中、下承式拱桥结构特点，围绕中、下承式拱桥健康监测实践问题进行了研究，主要成果在此分6章介绍。

各章节安排及具体内容如下：

(1) 第1章论述了桥梁结构健康监测与检测研究现状，说明了桥梁结构损伤识别研究进展，介绍了钢管混凝土拱桥的健康监测与检测相关技术与存在的问题，指出了本书的主要研究工作。

(2) 第2章介绍了京港澳高速刘江大桥基本概况，建立了京港澳高速刘江大桥有限元基准模型，分析了京港澳高速刘江大桥静、动力性能和吊杆损伤对静、动力性能的影响。

(3) 第3章介绍了索力测试的研究概况，吊杆张力测定理论和方法，推导给出了吊杆张力测定实用计算公式，并通过试验进行了验证。

(4) 第4章介绍了环境振动下的系统识别和京港澳高速刘江大桥环境振动试验相关情况。

(5) 第5章介绍了京港澳高速刘江大桥主桥吊杆张力测试相关工作，根据理论分析、动力试验和吊杆索力检测结果，对京港澳高速刘江大桥的健康状况进行了评定。

(6) 第6章概述了本书的主要工作。

本书作者为华北水利水电大学何伟。在项目研究与书稿完成过程中，得到了李宏魁、肖保辉的指导与帮助，在此特别致谢！此外，何容、郭术义、邓建绵等同志也参加了部分研究工作，在此一并表示感谢。

本书可供交通、桥梁、土木、水利、力学、岩土、机械等工程领域的科技人员参考，也可作为有关专业的研究生、本科生学习参考。

由于作者水平有限，本书的错误和不妥之处在所难免，敬请广大读者批评指正。

作　者

2016年12月

目　　录

1 桥梁结构健康监测与检测

1.1 桥梁结构健康监测与检测研究现状

1.1.1 桥梁结构健康监测与检测的目的

结构健康监测与检测是一种从营运状态的结构中获取并处理数据、评估结构的主要性能指标（如承载能力、可靠性、耐久性等）的有效方法。它结合了无损检测和结构特性分析（包括结构响应），目的是诊断结构中是否有损伤发生，判断损伤的位置，估计损伤的程度以及损伤对结构将要造成的后果。总的来说，结构健康监测与检测系统能够进行结构损伤识别和健康状态评估。

随着交通事业的发展，车辆荷载、交通流量和行车速度不断提高，还有一些不可预测的自然破坏力，都将危及桥梁结构的安全。如图 1-1 所示分别为运营期间垮塌的台湾高屏桥和辽宁辽河桥。所以应采用先进的实验手段和测试技术，定期对桥梁的结构性能进行检测，根据实测数据评价桥梁的健康状况，给桥梁营运阶段的养护工作提供科学可靠的数据，给桥梁安全使用提供可靠的保证。克服目前只靠外观检查等简单手段，在得到粗略依据的情况下进行不切要害养护的缺陷。

(a) 台湾高屏桥

(b) 辽宁辽河桥

图 1-1 桥梁突然坍塌事故

1.1.2 桥梁结构健康监测与检测技术

桥梁监测与检测技术分为局部检测技术和整体检测技术两大类。局部检测技术是以各部分的局部状态为检测内容，通过对结构的局部部位进行集中检测，实现对结构缺损部位的精确定位、检查，甚至是定量分析，其技术已经比较成熟，如声发射法、超声法、射线法、涡流法、光学诊断法、磁粉法、泄漏法、红外诊断法、探地雷达法等。局部检测技术目的性极强，检测结果具体、准确，一般要求能触及被测构件，多用在结构目标部位的常规检测，检测结果可直接作为结构维修加固的依据；其缺陷是工作烦琐，费用高，无法对大型复杂结构或事先无法预测损伤位置的结构进行检测，只有在用整体检测方法确定目标部位后使用该方法才较为合适，而且无法给出整体结构的受损程度信息，难以反映桥梁整体的健康状况和对桥梁的安全储备以及退化机理做出系统的评估。整体检测技术则是对整个结构进行结构反映信息的有效采集以及系统处理，对整个结构的状况进行评估，包括结构目前的刚度、质量分布情况、结构的动力特性等，对桥梁振动模态、挠度、吊杆（索）力等进行测量分析是整体检测技术的主要手段。

两种检测方法相辅相成。局部检测能发现桥梁结构的局部缺陷，并进行精确的检查和量化，通过采取适当的维修措施，防止局部缺陷进一步发展，造成对桥梁整体质量和安全性的危害，是对整体检测技术必不可少的补充。整体检测能够及时掌握桥梁结构整体工作状态的变化，使人们对桥梁的力学性能、安全性能有一个整体上的把握，便于维修养护策略的制订和养护资金的分配，整体检测可用于指导对局部缺损损伤的识别和定位，提高检测工作的效率，而且通过一定的参数识别方法，可以辨别桥梁局部刚度等的变化，弥补局部检测的不足。局部检测与整体检测是相辅相成、互为补充的关系，对于桥梁的健康检测与评估来说，都是不可或缺的组成部分。

1.1.3 桥梁结构健康监测与检测研究进展

随着人们对大型桥梁结构安全性和耐久性的重视程度不断提高，桥梁综合检测工作迅速发展。但在实际工程应用上，桥梁健康检测系统的研究目前仍处于理论研究和试验研究初级阶段，尤其是其中的数据分析、处理和判别部分，目前尚没有成熟的可以完全实用的损伤检测和识别方法。另外，目前的桥梁检测系统中不含结构模型，还没有自动进行结构损伤识别和评估结构性能的能力。

基于结构振动信息的整体性评估技术已被用于土木工程结构的整体性评估中，并得到广泛的重视和研究。由于它所依据的结构振动信息可以在桥梁运营过程中利用环境振动法获得，不需要关闭交通，具有实时检测的潜力和可能。近些年来，国内外学者一直致力于寻找一种适用于桥梁结构的整体评估方法，取得的主要进展有：

1）在一定程度上可以利用测试数据进行结构计算模型修正，为桥梁结构后期健康检测和剩余寿命预测建立基准模型；

2）通过对各种桥梁动力性能的现场测试，证实可用环境脉动法进行桥梁振动特性检测；

3）各种基于频响函数、频率、振型、振型斜率、曲率模态、应变能改变的损伤检测方法和定位技术各具特色，表现出了积极的效果；

4）对适用于桥梁健康检测的结构状态敏感参数积累了理论认识和试验基础。

1.2 桥梁结构损伤识别研究进展

结构健康检测的核心问题之一，就是结构损伤识别；现代测试技术和计算机技术的飞速发展，大大推动了结构损伤检测和损伤识别技术的发展。

结构损伤可定义为“结构在服务期内其承载能力的下降”，即结构承载能力的下降通常是由结构构件内部或构件之间连接出现损伤而引起的。对于处于自然环境中的实际工程结构，由于长期承受使用荷载的作用和各种突发性因素（如台风、地震、严重超载、火灾、爆炸等）的影响，从服役开始就面临着一个损伤积累的问题。为了保证结构的安全，人们很早就意识到应在结构服役期充分了解结构的损伤状态及承载能力的变化，使损伤积累尚未达到威胁结构安全的程度之前就能够被检测出来。而准确地识别出结构的损伤及对结构工作状态进行正确评估，不仅关系到结构使用的安全，而且对于决定是否对结构进行维修，何时维修具有重要的意义。

结构损伤识别最早被应用于机械、航空领域。对由连杆、轴承、齿轮等一系列零件组成的大型机械进行结构故障诊断。在20世纪60年代初期，由于航空、军工的需要，结构的损伤检测发展起来，形成了一系列的无损检测技术。在20世纪80年代以后，随着计算机技术、信息技术和人工智能等学科的知识不断地被应用到结构损伤检测中，人们不仅应用各种检测手段和检测工具在现场对结构进行测试，还应用各种理论方法在计算机上结合有限元计算对结构的损伤状态进行分析，来识别在现场无法察觉的结构损伤。

对桥梁工程结构而言，从国外情况来看，早期的桥梁工程的损伤出现率较低，危害程度远没有机械结构那样高，而且一定程度的带伤工作是完全允许的，因而桥梁结构的损伤检测发展较慢，且多数工作属于结构可靠性评估。在20世纪40年代到50年代，桥梁结构的损伤检测主要是对结构缺陷原因的分析和修补方法的研究，检测工作大多采用以目测为主的传统方法；在60年代到70年代，开始注重对结构检测技术和评估方法的研究，多种现代检测技术被应用到桥梁结构中。80年代以来，桥梁结构的损伤检测进入了逐步完善的阶段，在结构检测方面，制定了一系列的规范和标准，结构损伤检测与基于有限元分析和智能评估的损伤识别相结合的方法得到了迅速的发展。我国的桥梁工程结构损伤检测发展较晚，主要的研究也是在20世纪70年代以后开展的，随着结构抗震、抗风研究的发展，才逐步开始结合可靠性评估和安全鉴定进行结构损伤检测方面的研究。近年来，随着我国大跨桥梁的兴建和工程事故的增多，桥梁结构损伤检测也得到了极大的重视，越来越多的学者和专家相继致力于桥梁结构损伤检测方面的研究。

为了简捷便利地检测和评定复杂桥梁的损伤情况，人们试图通过结构整体特性和响应（如变形、频率、相位、振型、阻尼与状态反应等）的测量和分析来检测与评价结构的损伤，如图 1－2 所示，它可以确定损伤存在的可疑区域和损伤程度。这是一个结构分析的反问题，是在已知结构响应和荷载作用，甚至只知道结构响应的情况下确定结构参数，并进一步预测结构性能。

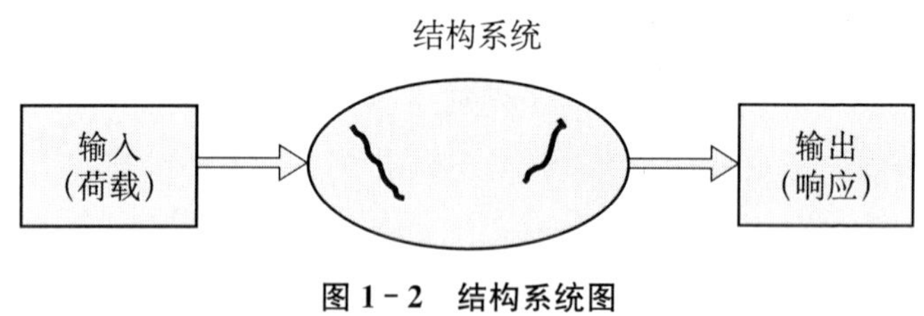

图 1－2　结构系统图

局部检测法和整体检测法各有侧重点，在大型和复杂桥梁结构的损伤检测中将整体检测法和局部检测法结合起来使用效果较好。首先由整体检测法确定桥梁损伤的大致位置，然后由局部检测法对该处的各部件进行具体详细的检测。实际上，在大跨度桥梁工程结构上布置的检测元件，既有局部检测元件，也有整体检测元件，如进行位移、速度和加速度等检测的结构整体性态传感器和进行应力、应变、累积耗能、裂纹等检测的结构局部性态传感器，为两种方法的结合奠定了基础。

结构整体检测法按测试方式又分为静力检测方法和动力检测方法。传统的静力检测技术是对结构进行静载试验，量测与结构性能相关的静力参数，如变形、挠度、应变、裂缝等，通过对这些参数分析，可直接判定结构静承载能力，并得出结构的强度、刚度及抗裂性能。一般情况下，要达到结构损伤检测的最终目标，静力试验方法是最直观、直接和精确的方法，同时也能够通过静力荷载试验所获得的结构变形数据进行损伤定位和损伤程度估计。但静力试验耗资、费时，而且还要对结构的正常使用实行管制，影响当地的正常社会生活和经济建设。基于静力试验的上述不足，许多技术人员转而借助动力试验方法间接确定结构的健康状况、损伤情况及承载能力。另外，对承受静、动力荷载的结构，如桥梁结构、高层建筑和海洋平台等，动力试验是静力试验所无法替代的，它可以提供结构的自振频率、振型和阻尼等结构动态参数。振动测量是最常用的一种整体检测方法，也是一种无损检测方法。因为结构损伤会引起结构参数变化，改变结构的动力特性，而动力特性的变化可以通过现场的动力试验测量得到，因此，可以利用测量结构动力特性的变化来识别结构的损伤。使用振动测试方法，可以在整体意义上检测结构的损伤，包括处于难以触及位置的损伤。另外，结构动态检测方法同静力检测方法相比，具有信号易于提取，操作起来简单、快捷、经济等优点。

结构损伤检测不仅要通过结构响应信号判定损伤是否存在，而且还要进一步确定损伤位置和损伤程度，并根据损伤后的结构参数计算和预测结构的承载能力。1993 年 Rytter 把损伤检测大致分为下列四个水平的工作：

1）水平 1（Level 1）：确定结构损伤存在；

2）水平 2（Level 2）：确定损伤位置；

3）水平 3（Level 3）：确定损伤程度；

4）水平 4（Level 4）：计算结构的承载能力，并预测结构使用寿命。

只有完善解决上述 4 个水平的问题，至少是前 3 个水平的问题，才是比较好的损伤检测方法。前 3 个水平直接与结构静、动力测试和建模问题相关，而第 4 水平的工作通常要用到结构设计评定等方面的知识，也是其中最难的一项工作。

基于振动的损伤识别方法的核心问题之一是寻找与结构动力特性密切相关且对结构损伤敏感的损伤参数，如频率、振型、阻尼等，通过这些动力参数的变化判断结构损伤情况。根据动力测试数据种类和由测试数据进行识别的方法不同，基于振动测试的结构损伤识别方法大致可分为基于参数识别的动力指标分析法、基于有限元模型的修正方法和直接基于测试信号的损伤识别方法。

1.2.1 动力指标分析法

任何结构都可以看作由刚度、质量、阻尼矩阵等结构参数组成的动力学系统。结构一旦出现损伤，势必引起结构参数的变化，从而导致系统模态参数和频响函数的变化，因此，模态参数（频率、振型和阻尼）的改变可视为结构损伤发生的标志，可以利用损伤前后结构动力特性“指标”的变化来检测结构损伤。为了能够识别损伤并且确定损伤位置，首先应对结构进行易损性分析，根据先验知识假设一系列可能的损伤状况，建立各种“指标”变化所对应损伤的数据库，然后用结构当前动力“指标”的变化与损伤数据库中的“指标”相比对，从而选择最接近的损伤状况作为结构的实际损伤状态。常用的动力指标方法有：

1）基于频率的结构损伤识别（Frequency-Based Damage Detection，FBDD)；

2）基于模态振型的结构损伤识别（Mode Shape-Based Damage detection，MBDD)；

3）基于曲率模态/应变模态的结构损伤识别；

4）基于模态柔度（modal flexibility）的结构损伤识别；

5）基于模态应变能（modal strain energy）的结构损伤识别；

6）基于功率谱的结构损伤识别；

7）基于模态保证准则（Modal Assurance Criterion，MAC）和坐标模态保证准则（Coordinate Modal Assurance Criterion，CO-MAC）的结构损伤识别；

8）基于模态能量转换比法的结构损伤识别（ETR）等。

结构的动力指标一般根据实测信号，由参数识别的方法间接得到。动力指标类方法简单易行，在一定程度上能识别损伤，但损伤识别的定位能力较差。一个关键的问题是这些结构动力的指标一般是结构整体特性的反映，对结构微小的损伤不敏感，因为结构损伤恰恰是局部的，这样往往导致损伤识别，特别是损伤定位和损伤程度识别效果不尽如人意。此外，动力指标类方法中的动力指标一般对噪声和环境因素较敏感，给工程实际应用带来一定的困难。

1.2.2 有限元模型修正方法

有限元模型修正方法充分利用理论建模与实验测试的优点，其基本思想是首先用分析的方法建立具有先验性的结构有限元计算模型，然后依据动力测试资料，如模态参数、动态响应时程数据、频率响应函数等，通过条件优化约束，不断地修正模型中的刚度分布，使计算的结构动态响应尽可能地接近实验得到的结构动态响应。当两者基本吻合时，即认为此组参数为结构当前参数，进而由测得的模型刚度的退化，对结构损伤进行判别和定位。因此，有限元模型修正过程是一个试图通过识别或修正有限元分析模型中的参数，使有限元计算结果与实际结构尽可能接近的过程，通常认为属于优化问题范畴。

有限元模型修正理论最初用于力学系统动力学模型的修改与精化，大多从某种试验/理论残差（目标函数）的最小化过程出发。在土木工程领域，一般采用试验模态分析结果（如频率、振型等），修正有限元理论模型的质量、刚度等参数，使得修正后有限元模型的振动特性参数趋于试验值。有限元模型修正过程不仅需要满足分析结果和试验结果的对应关系，而且修正后的参数还要有实际的物理意义。确定目标函数，选取修正参数和应用有效的优化算法是结构有限元模型修正中的三个关键步骤。对土木工程结构进行有限元模型修正，必须考虑土木工程结构的特点。大型土木工程结构的动力特性一般由现场的振动试验确定，对于桥梁一类的土木工程结构，在正常工作条件（Operational condition）下，风、车辆、行人等是一种自然的环境激励（Ambient excitation）方式。直接利用环境激励时桥梁的振动响应数据进行模态参数识别，具有明显的优点：无须额外的人工激励，不必中断交通，更符合结构实际的边界条件与工作状态，可以实现实时的监测等。因此基于环境振动的桥梁工程结构有限元模型修正方法更具有实际意义。

在基于环境振动的桥梁工程结构有限元模型修正中，需对目标函数确定、修正参数选取、实用优化算法和工程实际应用等问题进行重点研究，可采用基于单目标优化函数和基于多目标优化函数的结构有限元模型修正方法。单目标优化函数，是将不同残差的各种目标函数合成为一个单一的目标函数进行有限元模型修正，如将频率目标函数、模态振型目标函数、模态柔度目标函数等进行组合。多目标优化函数，是将不同残差的各种目标函数作为独立的目标函数，无须合成为一个单一的目标函数进行有限元模型修正，因此不需要考虑不同目标函数的权重。具体应用中，常用模态频率、模态柔度、模态应变能等作为独立的目标函数进行结构有限元模型修正。数值模拟和简支梁实验结果表明，模态柔度对结构损伤较为敏感，且具有较好的抗噪性能。

有限元模型修正方法在划分和处理子结构上具有很多优点，但是在实际应用中，由于测试模态集不完备、测试自由度不足以及测量信噪比低等原因，很少能够给出修正所需的足够信息，易产生病态方程，常导致解的不唯一性。所以在将有限元模型修正方法应用于桥梁工程结构的损伤识别、既有结构的承载力评定和结构的长期健康监测中时，仍存在许多问题需要很好地解决。

1.2.3 直接基于信号的方法

直接基于振动测试信号的结构损伤识别方法，避免了模态参数识别这一中间过程，具有显著的优点。这类方法采用数字信号处理方法直接对结构响应信号进行分析和处理，根据信号参数的变化或统计，达到损伤识别的目的。常用的信号处理方法有傅里叶变换、小波变换、基于经验模态分解法（EMD）的 Hilbert-Huang 变换（HHT）等。小波变换是继傅里叶变换后出现的一个新的数学工具，是建立在泛函分析、傅氏分析和调和分析基础上的新的信号分析处理方法，其基本思想是用一簇小波函数表示或逼近一个函数（信号），具有伸缩、平移和放大功能，在时域和频域上同时具有强大的局部化性能，能对不同的频率成分采用逐渐精细的采样步长，聚焦到信号的任意细节，被誉为分析信号的“显微镜”。另外，小波变换对信号的奇异点十分敏感，可以识别结构响应信号中存在的奇异性或突变信息，而这些信息往往反映了结构的损伤情况。因此可利用小波变换进行奇异信号检测、信噪分离和信号频带分析来提取损伤特征，确定结构的损伤情况。

基于信号的损伤识别技术直观、省时，因而在桥梁工程结构在线健康监测中是可行的。作为不需要结构分析模型的直接损伤识别方法，可用解决前两个水平（Level 1 和 Level 2）的损伤识别问题，即确定结构出现损伤和损伤的位置。为了下一个水平的损伤识别，例如定量损伤程度，需与结构分析模型结合在一起来考虑。此外，基于信号的损伤识别方法，当传感器放置在损伤位置时能够有效地检测和识别损伤，但还需要进一步的研究使它适用于损伤位置事先未知的更一般结构系统的可能性，以便基于小波分析的损伤识别方法能更广泛用于实际工程。

总之，虽然损伤检测与识别的基础看起来很直观，但在实际应用中还存在比较大的困难。一是损伤是一个局部现象，对反映结构整体性能的特征参数影响不大；二是损伤识别在很多情况下要在“无监督学习”（unsupervised learning）方式下进行，即分析数据中不包括损伤结构数据的样本，有时甚至连完好结构数据的样本也没有；另外，环境因素的影响以及有限的测量点也是不可忽略的因素。

1.3 钢管混凝土拱桥的健康监测与检测

钢管混凝土作为钢—混凝土组合材料的一种，一方面借助内填混凝土提高钢管壁受压时的稳定性，另一方面借助管壁对混凝上的套箍作用，提高了混凝土的抗压强度和延性，将钢材和混凝土有机地组合起来；在施工方面，钢管混凝土可利用空心钢管作为劲性骨架甚至模板，施工吊装重量轻，进度快，施工用钢量省。由于在材料和施工方法上的优越性，将这种结构应用于以轴力为主的拱桥是十分合理的。

钢管混凝土拱桥的应用历史可以追溯到 20 世纪 30 年代，当时苏联建成了跨越列宁格勒涅瓦河的 101m 钢管混凝土拱梁组合体系桥和位于西伯利亚跨径 140m 的钢管混凝土桁拱。

钢管混凝土拱桥虽然在我国只有近 20 年的发展历史，但是发展速度惊人，而且跨度越来越大。1990 年我国第一座钢管混凝土拱桥——四川旺苍东河大桥建成，为跨径 110m 的下承式钢管混凝土系杆拱桥。表 1 - 1 列出了部分已建成的钢管混凝土拱桥。

中、下承式钢管混凝土拱桥是由拱肋、吊杆、系杆和桥面系梁板等协同工作的组合结构体系，以系杆（或系梁）承受拱脚的水平推力为主要特征。钢管混凝土系杆拱桥以其受力合理、造型美观、较好地适应地基条件、建筑高度低及桥下通航利用率高等优点，深受广大桥梁设计人员的推崇，是一种具有良好发展前景的大跨度桥梁结构形式。国内外对中、下承式拱桥力学性能的研究已开展多年，取得一些相应成果，但仍有许多问题未能得到圆满的解决。

表 1 - 1 国内部分钢管混凝土拱桥

序号	桥名	建成年份	跨度/m	矢跨比	结构形式	拱肋截面
1	广州丫髻沙大桥	2000	360	1/4.2	中承式	六管桁式
2	湖北秭归青干河大桥	2000	256	1/4.95	中承式	四管桁式

续表

序号	桥名	建成年份	跨度/m	矢跨比	结构形式	拱肋截面
3	湖北武汉汉江大桥	2001	280	1/5	下承式钢架系杆拱	四管桁式
4	浙江铜瓦门大桥	2001	238	1/4.82	中承式提篮拱	单片桁式
5	浙江淳安县南浦大桥	2003	308	1/5.5	中承式	四管桁式
6	浙江三门健跳大桥	2003	245	1/5	中承式	四管桁式
7	广西南宁永和大桥	2004	338	1/4.5	中承式钢架系杆拱	四管桁式
8	京港澳高速刘江大桥	2004	100	1/4.5	下承式刚性系杆拱	哑铃形
9	重庆巫山长江大桥	2005	460	1/5	中承式	四管桁式
10	湖南茅草街大桥	2006	368	1/5	中承式	四管桁式
11	洛阳瀛洲桥	2008	120	1/5	中承式蝴蝶拱	单管
12	南阳蒲山特大桥	2009	250	1/5	下承式刚性系杆拱	四管桁式

1.3.1 钢管混凝土拱桥质量事故

虽然钢管混凝土拱桥发展迅速，但其理论研究却滞后于应用，再加上我国的施工技术水平不高、汽车超限现象严重以及材料的老化等原因，目前很多钢管混凝土拱桥或多或少出现了损伤。如果不能够及时地发现这些损伤，那么一旦某个重要构件发生破坏，将有可能导致重大的工程事故发生，造成重大的人员伤亡和财产损失。如近年来，由于主客观原因导致了一些拱桥发生坍塌事故，造成严重影响的两个中、下承式拱桥典型例子为：

(1) 綦江彩虹桥事故

綦江县虹桥是一座跨江人行桥，结构形式为中承式钢管混凝土提篮拱桥，桥长 140m，主跨 120m，桥面总宽 6m，净宽 5.5m，设计人群荷载 3.5kN/m^2。该工程始建于 1994 年 11 月，1996 年 2 月 15 日投入使用。1999 年1月 4 日 18 时 50 分，大桥突然整体垮塌，造成16人死亡，24人受伤，直接经济损失631万元，事故照片如图1-3所示。事故直接原因：1）吊索锁锚方法错误，不能保证钢绞线有效锁定及均匀受力，钢绞线部分或全部滑出使吊杆锚固失效；2）主拱钢管工厂对焊质量低劣，达不到施工及验收规范规定的二级焊缝检验标准；3）主拱钢管内混凝土强度达不到设计要求，局部有漏灌及空洞，在主拱肋板处甚至出现1m多长的空洞；4）设计粗糙，更改随意，构造也有不当之处。事故间接原因为：1）建设过程严重违反基本建设程序：未进行设计审查，未进行工程竣工验收等；2）设计、施工主体资格不合法；3）管理混乱，如关键工序及重要部位的施工质量无人把关；材料及构配件进场管理失控，试验检测不按规定办理；质监部门未认真履行职责，对项目未经验收就交付使用未有效制止；未经验收，强行使用等。

（2）宜宾南门大桥事故

2001年11月7日凌晨4:30—5:00，背负着四川省“十大工程”、“亚洲第一大中承式钢混拱桥”、“交通部优秀设计一等奖”的宜宾市金沙江南门大桥两端先后发生断裂，两辆汽车坠入江中，一艘小型船只被毁，造成宜宾市区南北公路交通中断，市内通信一度全部因之中断。事故造成2人死亡、2人受伤。南门大桥长384m，宽13m，为单孔跨径240m的钢筋混凝土中承式公路拱桥，桥面由17对钢缆吊杆凌空悬挂，于1990年6月竣工通车。此次事故中，连接拱体和桥面的4对8根钢缆吊杆断裂，北端长约10m，南端长约20m的桥面发生垮塌。事故原因为：1）没有定期对吊杆进行检查，承重钢缆部分生锈造成吊杆的防护措施失效，影响了承重能力；2）桥面设计不合理，导致超负荷。图1-4为事故发生后的情形。

图 1-3 重庆綦江彩虹桥垮塌事故　图 1-4 四川宜宾南门大桥垮塌事故

为了减少钢管混凝土拱桥突然破坏所带来的人们生命和财产方面的损失，尤其是减少人员伤亡，必须研究怎么样才能在灾难来临之前对其进行预测，即对结构的健康状态进行评估。因此，对既有钢管混凝土拱桥进行准确的损伤检测，充分了解桥梁的实际状况，既可为经济可靠的利用现有桥梁提供依据，起到保证桥梁安全运营、延长桥梁使用寿命的作用；又可以早期发现桥梁的损伤，及时修复，节约维修费用，恢复承载力，延长使用寿命，而且能够避免灾难性事故的发生，保障人民的生命和财产安全。所以对钢管混凝土拱桥进行健康监测与检测，具有重要的理论意义和实用价值。

1.3.2 钢管混凝土系杆拱桥吊杆的损伤分析

吊杆是钢管混凝土拱桥的主要传力构件，中、下承式拱桥吊杆（索）承担了桥梁的大部分恒载与活载，所以吊杆是否安全直接决定了桥梁的健康状况。同时，吊杆又是桥梁结构损伤的敏感元件，它是由多根钢丝组成的，吊杆（索）中的部分钢丝断裂，便会造成吊杆（索）的损伤，这种损伤对中、下承式拱桥是十分危险的，因为吊杆（索）是钢管混凝土拱桥的主要承力构件。对于现有的梁板式桥面系，一根吊杆失效，就会导致桥面系垮塌，即使对于整体形式的箱型截面桥面系，因吊杆拉断所产生的突然冲击力也相当于原有恒载2倍的作用。

1.3.2.1 吊杆损伤

中、下承式钢管混凝土拱桥近20年来在我国大规模发展，但对吊杆钢索破损问题认识不足，未引起足够的重视，研究也较少。经过10余年的运营，吊杆存在的问题业已逐渐暴露出来，有的已经达到了相当严重的程度。据媒体报道，1992年竣工的太原市漪汾拱桥为中承式系杆拱桥，现已出现吊杆内锈蚀、钢索受力不均匀、大部分吊杆有油脂流失和钢板断裂等现象。最惨痛的事例是宜宾市金沙江南门大桥连接拱肋和桥面预制板的4对8根吊杆断裂，吊杆锈蚀是发生事故的主要原因之一，如图1-4所示。

吊杆的损坏一般表现为钢索锈蚀、吊杆护套破损、钢索与下锚头连接处破损、下锚头锈蚀等几方面。

钢索锈蚀主要是防护措施开裂失效的结果。有些桥梁吊杆钢索的锈蚀已经相当严重，图1-5为发生断裂的宜宾南门大桥吊杆截面，吊杆钢索有近一半已看不出断裂痕迹，说明锈蚀的过程历时已久，而该桥建成通车也不过11年。

吊杆护套破损，使空气和水进入护套与钢索接触，直接导致钢索的锈蚀。吊杆聚乙烯护套破损的表现形式是环状裂纹和网状裂纹。网状裂纹是聚乙烯老化的结果，一般在使用10～15年后出现。而现在很多吊杆在通车时就出现了环状裂纹，这是护套承受拉力的结果。

钢索与下锚头连接处应保证密封，不渗漏水。但由于吊杆与防护系统往往具有一定刚度，受到弯、剪疲劳作用后很容易导致接缝处开裂，进而引起下锚头的锈蚀。有的下锚头锈蚀是由于锚头外部防护不足引起的，有的则是由于钢索防护和钢索与下锚头连接处的防护失效，导致大气和水进入锚头引起的。

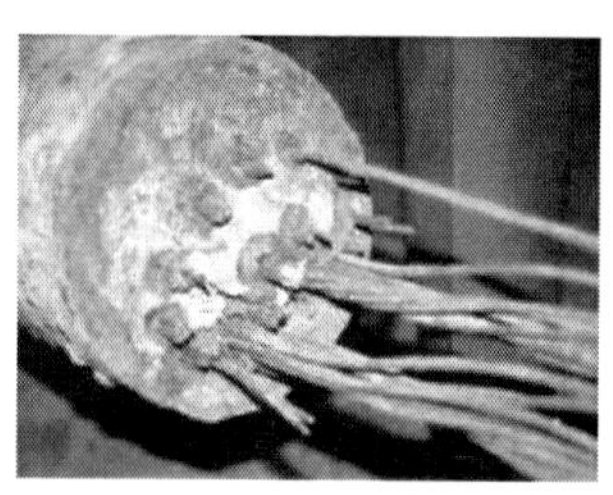

图 1-5　宜宾南门大桥吊杆锈蚀情况

1.3.2.2　吊杆破损原因分析

(1) 钢杆破损原因

吊杆钢索破损的原因主要有：强度问题、疲劳问题和腐蚀问题。

1）强度破坏：一般吊杆的安全系数取值都大于或等于 2.5，即吊杆承受的最大应力低于钢丝索标准强度的 40%，所以吊杆由于强度不足而产生破坏的可能性较小。目前所出现的吊杆损坏均是由于防护失效而导致锈蚀，使吊杆截面缩小而间接导致的强度破坏。

2）疲劳破坏：钢材在反复荷载的作用下，虽然应力还低于极限强度，甚至低于屈服点，也会发生破损，即疲劳破坏。在中、下承式钢管混凝土拱桥吊杆的设计中，一般对强度问题比较重视，对吊杆的最大应力控制比较好，但对与疲劳有关的问题考虑较少，即便考虑也只是将应力幅控制在一定范围内，就认为吊杆钢索和锚头可以满足疲劳方面的要求，而在设计中容易忽略了疲劳的验算，这种设计方法存在一定的问题，需加以改善。

3）腐蚀破坏：钢管混凝土拱桥吊杆拉索，布置于梁体外部，截面尺寸小，长期处于高应力状态下，导致拉索对腐蚀作用非常敏感，即使发生轻微的腐蚀，其强度和疲劳寿命均会有较大的损失。所以中、下承式钢管混凝土拱桥的耐久性在很大程度上依赖于吊杆拉索的抗腐蚀能力。

柔性拉索的防腐一直是困扰桥梁设计者的问题。以柔性吊杆作为传力构件的中、下承式系杆拱桥，是近年来才在我国迅猛发展起来的结构形式。设计人员对吊杆的腐蚀问题有一定的认识，采取了一些措施，但效果并不尽如人意。加之国内这类桥梁建成投入运营的时间还比较短，腐蚀问题尚未引起设计者的高度重视。四川宜宾南门金沙江大桥在建成后 11 年就因吊杆的破坏引起部分桥面垮塌，吊杆腐蚀是导致这起事故的重要原因。钢索及其锚头腐蚀是吊杆损坏的原因之一，而且可能是最主要的原因，因为腐蚀后的吊杆，钢索截面大为减少，抗拉强度随之降低，直接导致强度破坏。

钢索腐蚀的原因主要是防护措施开裂失效，导致水、氧气及其他有害物质与钢索直接接触引起锈蚀。另外，吊杆所处的大气环境、应力状态等对钢索的腐蚀也有影响。

一般来说，吊杆的破坏是疲劳与腐蚀的共同作用引起的。交变的疲劳荷载降低了防腐措施的有效性，而腐蚀又直接削弱了吊杆的抗拉强度。

(2) 锚具破损原因

吊杆锚具的破损主要是由疲劳和腐蚀引起的。吊杆的锚具主要有墩头锚、冷铸锚和夹片锚。现在成品索大多采用抗疲劳性能较好的墩头锚和冷铸锚。锚具在工厂研制、开发和生产过程中，都进行抗疲劳的相关试验，在正常的工作条件下一般不会产生疲劳问题。但应注意的是，在吊杆设计中对影响吊杆及锚具疲劳寿命的因素要加以考虑，使吊杆和锚具处于正常的工作条件下。再有工厂的试验条件毕竟与现场有所不同，所以在施工前应对吊杆组件，包括钢索、锚具和防护，进行疲劳试验，确定吊杆组件的抗疲劳性能。

锚具的腐蚀分外部腐蚀和内部腐蚀。如吊杆锚头外部几乎未进行有效防护，其锈蚀也是必然的。所以对不进行封锚处理的锚具，应加防护罩或采取其他有效的措施防止锚具外部的锈蚀。锚具内部的腐蚀原因与钢索相同，主要是防护措施失效，水汽与锚具接触造成的。

（3）防护破损原因

通过对钢索和锚具破损原因的分析可以看出，导致吊杆腐蚀的重要原因就是防护措施的失效。防护措施的完整性和耐久性对吊杆的耐久性起着至关重要的作用。

防护破损开裂有以下几个原因：

1）防护材料自身的收缩：水泥在固结的过程中会逐渐收缩，这使得采用套管压灌水泥浆的防护很容易开裂，特别是在设计施工中未对吊杆内水泥浆采取预压措施时更是如此。聚乙烯套管发生的环状断裂，很可能由材料收缩所致。

2）吊杆钢索松弛引起防护材料变形：吊杆钢索处于长期受拉的状态，会产生随时间延长而增加的蠕变，即松弛，从而导致钢索伸长，防护材料受拉开裂。

3）吊杆受交变荷载引起防护材料变形：在活载的作用下，吊杆承受的荷载大小不同，吊杆内力不断变化，钢索伸长量也是往复变化的。这种往复变化将破坏防护系统的整体性，不论防护体是水泥还是聚乙烯。

由于交变荷载的作用，钢索在与下锚头连接处会产生微小的转角，天长日久往复作用，就不可避免地使此处的密封措施失效，发生开裂。

4）温度变化引起防护材料变形：吊杆会随着环境温度的变化而热胀冷缩，但钢索与护套的热膨胀系数相差较大，黑色 PE 管的热膨胀系数约是水泥和钢材的 6 倍，无法同步胀缩。钢索的强度远高于防护材料，所以防护材料易被拉坏。

5）防护材料的老化：聚乙烯护套在紫外线的照射下会发生老化，即便掺入抗老化的碳黑之后，在使用 10～15 年后也会出现网状裂纹。现在一般采用再外缠聚酯带等加强抗老化的措施。不过据现阶段的调查，还不待聚乙烯老化，护套已经因其他原因开裂了。

6）其他原因：如金属套管与水泥浆发生反应的情况，济南黄河大桥采用铝管加水泥灌浆的防护体系，运行 10 余年后，铝管和水泥浆之间产生化学作用，使铝管胀裂，锈蚀严重。另外，施工过程中聚乙烯管表面难免会有划伤和磨损，运营过程中也可能出现人为的剐碰。这些都会加剧套管内应力分布的不均匀，引起开裂。

吊杆防护的破损开裂往往是以上这些因素共同作用的结果，而吊杆钢索与防护材料变形不协调是其中的重要因素。防护开裂后，使空气中的水分、氧气以及其他有害物质与钢索接触，发生腐蚀。由于吊杆的防护措施又具有一定的密封性，反而使这些有害物质难以及时观察到并得到排除，存积在吊杆内部，长期腐蚀吊杆。

1.3.3 钢管混凝土系杆拱桥吊杆健康检测

近年来大型中、下承式拱桥吊杆的安全性问题已经引起人们的高度重视，所以在中、下承式钢管混凝土拱桥运营期间，需定期对吊杆的索力进行检测，以判定吊杆和整桥的健康状态。一般利用振动信号分析技术检测与评估吊杆损伤，如在四川内江新龙坳提篮式拱桥检测中，对吊索固有频率进行了测试与分析，并进一步对吊索的静张力进行了计算，作为对桥梁进行损伤检测与评估的重要组成部分，测试与分析结果已用于拱桥的维修和加固。为了研究中、下承式拱桥吊索损伤对吊索系静张力的影响，一些文献采用矩阵摄动理论与有限元方法，建立了刚性拱吊索系损伤计算模型，解决了中、下承式拱桥吊索系有限元摄动表达式的建立问题，研究成果可用于研究中、下承式拱桥中吊索损伤对吊索系静张力的影响。

但由于吊杆特殊的结构特点和不利的工作环境，吊杆在使用过程中容易损坏，吊杆是中、下承式钢管混凝土拱桥的重要组成部分，其健康检测是全桥健康检测的重要组成部分，为此，本书也对吊杆的索力检测和计算进行了深入研究，为大跨度中、下承式钢管混凝土拱桥健康检测提供技术依据。

1.4 主要研究工作

1）采用大型通用有限元程序 ANSYS，建立京港澳高速刘江大桥的空间有限元计算模型，进行桥梁结构动力分析，确定京港澳高速刘江大桥的动力特性。

2）针对中、下承式拱桥实际工程中吊杆易损的情况，分别对吊杆损伤前后京港澳高速刘江大桥的动力特性进行分析，给出吊杆损伤对桥梁动力特性的影响，综合运用频率变化进行吊杆损伤位置的识别。

3）对京港澳高速刘江大桥进行正常通行环境下的振动测试试验。桥梁动力特性的改变反映了桥梁质量、刚度等性能的改变，是评价桥梁健康状态的主要指标，因而获取桥梁的动力特性即获取了结构的“指纹”。通过掌握桥梁结构的振型、频率和阻尼等特性，为了解结构在各种荷载作用下的动力响应、评价桥梁结构的健康状态和运营管理提供依据。

4）进行中、下承式拱桥吊杆张力测定的理论和试验研究，提出考虑多种因素影响的中、下承式拱桥吊杆由振动测定法确定其张力的实用计算公式。

5）吊杆拉力监测和计算。在吊杆上安装传感器，通过振动法检测吊杆索力，进而判定吊杆是否存在损伤及损伤程度。

6）根据理论分析、动力试验和吊杆索力检测结果，对京港澳高速刘江大桥的健康状况进行评定。

2　吊杆损伤对京港澳高速刘江大桥结构静动力性能影响研究

2.1　京港澳高速刘江大桥主桥概况

2.1.1　主要技术标准

京港澳高速刘江大桥是京港澳高速公路的关键工程，跨越黄河天堑，全长近10km，主桥长800m。该路段按《公路工程技术标准》（JTJ 001—1997）平原微丘区双向八车道高速公路设计。其主要技术指标如下：

1）计算行车速度：120km/h

2）桥梁设计荷载：汽车——超20级，挂车——120

3）桥梁净宽：净——2×19.484m

4）墙式护栏宽度：0.383m

5）设计洪水频率：1/300（按1/1 000校核）

6）地震基本烈度：7度

7）通航标准：Ⅳ级航道（通航净高8m，净宽50m）

8）桥面横披：2.0%

2.1.2　主桥结构与构造

京港澳高速刘江大桥主桥采用8×100m下承式钢管混凝土系

杆拱桥，双向 8 车道，上下行分离。单幅桥面净宽 21m，主桥每跨两墩中心距 100m，计算跨度 95.5m，矢跨比 1/4.5。拱轴线采用悬链拱轴线，拱轴系数 1.347。图 2-1 为标准跨上部构造图。

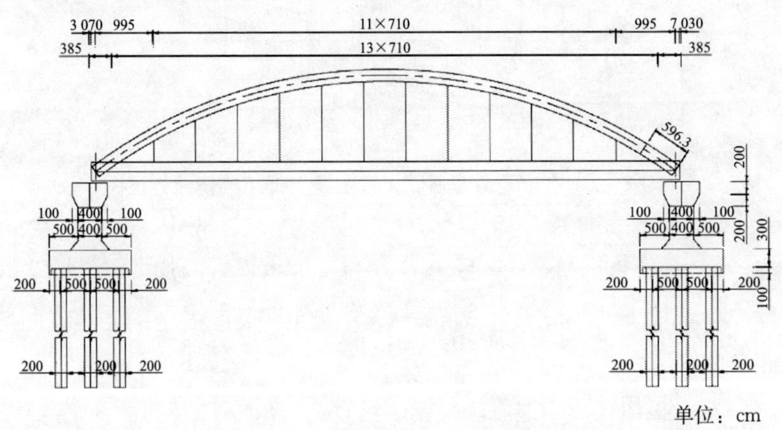

图 2-1 标准跨一般上部构造图

(1) 主桥上部结构

1) 拱肋：上部结构为上下行分离式的两座桥。每座桥有两片拱肋，每片拱肋采用 2 根 Φ1 000mm×16mm 钢管，两管之间采用 2 块厚 16mm 腹板焊接形成高 2.4m、宽 1.1m 的双哑铃形断面。拱肋上、下钢管内浇注 C50 混凝土；拱脚到第 1 根吊杆间的拱肋腹腔内浇注 C50 混凝土，其余部分腹腔内不填充混凝土。主桥上部结构一般构造图见图 2-2，拱肋截面图见图 2-3。

2) 横向连接系：单幅桥梁两拱肋中心距离 22.377m，为加强拱肋的横向联系，保证桥梁的横向稳定性，由 3 道横撑（中间一道一字形和两边各一道 K 撑）联系两拱肋，形成空间结构。横撑为 Φ1 500mm×16mm 的钢管，管内不填充混凝土，如图 2-4 所示。

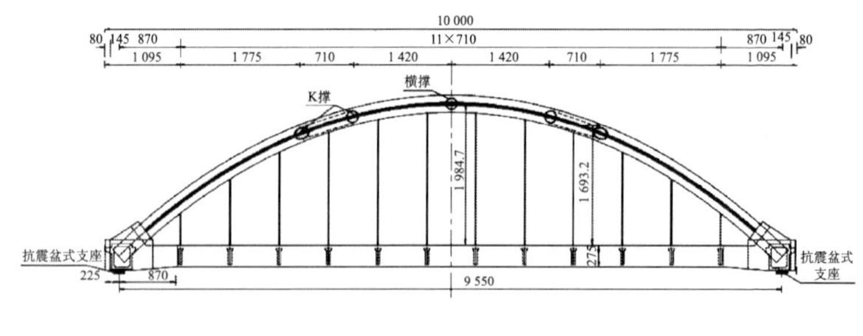

单位：cm

图 2－2　京港澳高速刘江大桥主桥上部结构一般构造图

3）吊杆与桥面系：吊杆采用 91 根 Φ7mm 镀锌高强钢丝，双层 PE 保护，采用 OVM 冷铸镦头锚。每跨设 12 对吊杆，吊杆纵桥向间距 7.1m。

系梁采用预应力混凝土箱梁，梁宽 2.0m，高 2.75m，配置 16 根 Φ15.24—16 预应力钢铰线，采用 OVM 15—16 夹片锚。见图 2－5。

中横梁采用预应力混凝土工字形组合梁，梁高 2.2m，间距 7.1m，两端与预应力钢筋混凝土箱形截面系杆梁整浇在一起，系杆梁通过吊杆悬吊在钢管混凝土拱肋上。中横梁配 5 束 Φ15.24—9 预应力钢铰线，采用 OVM 15—9 夹片锚。端横梁采用预应力混凝土箱梁，梁宽 2.9m，高 3.22m，配 8 束 Φ15.24—9 钢铰线，采用 OVM 15—9 夹片锚。桥面板为普通钢筋混凝土 Π 形板，上铺 80mm 厚钢筋混凝土现浇铺装层。拱脚固结点为三向预应力的混凝土结构，并配有劲性钢骨架。

4）拱脚支座：每跨拱桥通过盆式橡胶支座支承于钢筋混凝土墩身上，支座为 1 750t 盆式橡胶支座。一端为固定支座，另一端为滑动支座。每两跨的固定支座放在同一个墩上，在该处桥面连续（两跨一联）。每两跨的滑动支座放置另一个墩上，在该处设 XF

Ⅱ—160 型伸缩装置。

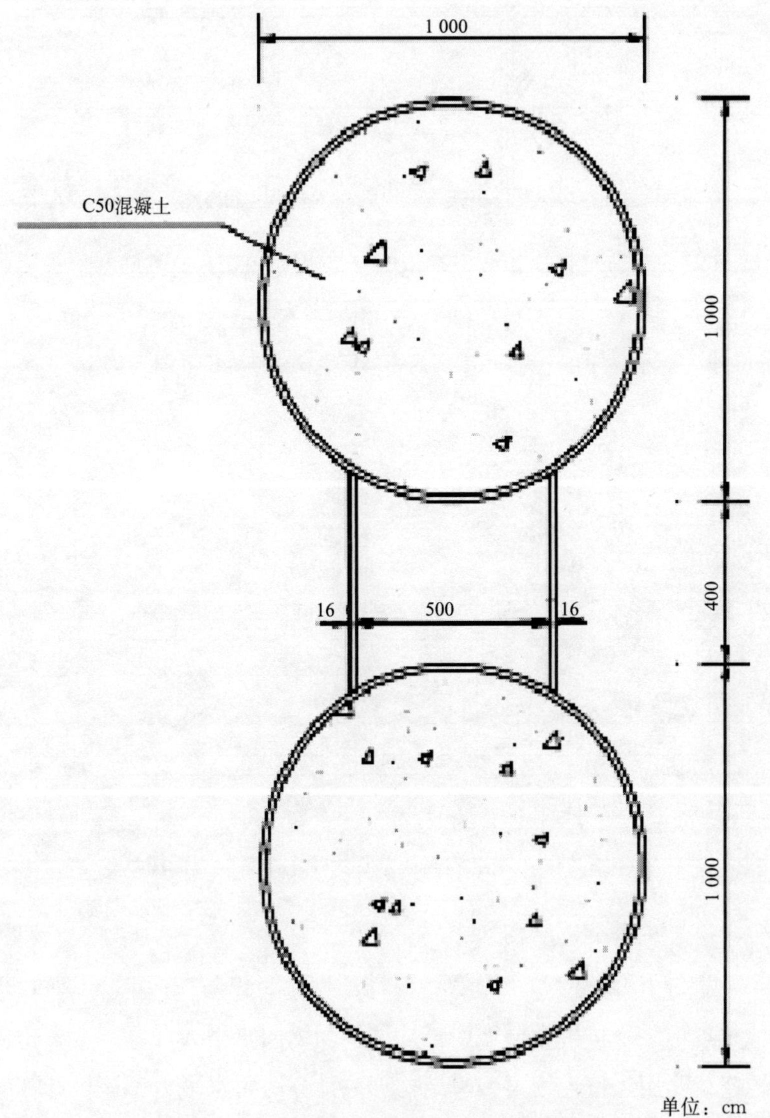

图 2－3　京港澳高速刘江大桥拱肋截面图

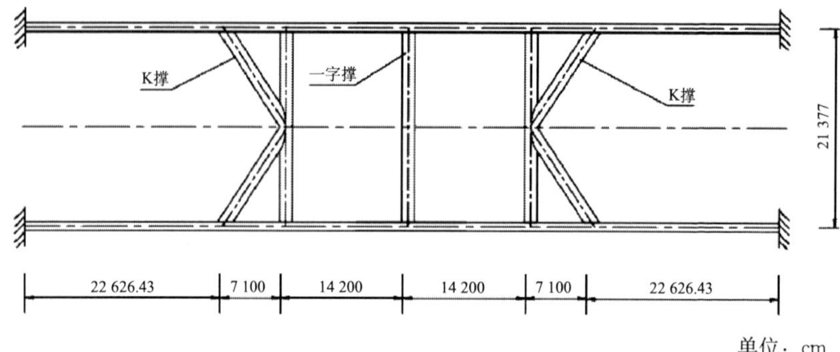

图 2-4　京港澳高速刘江大桥横向连接系图

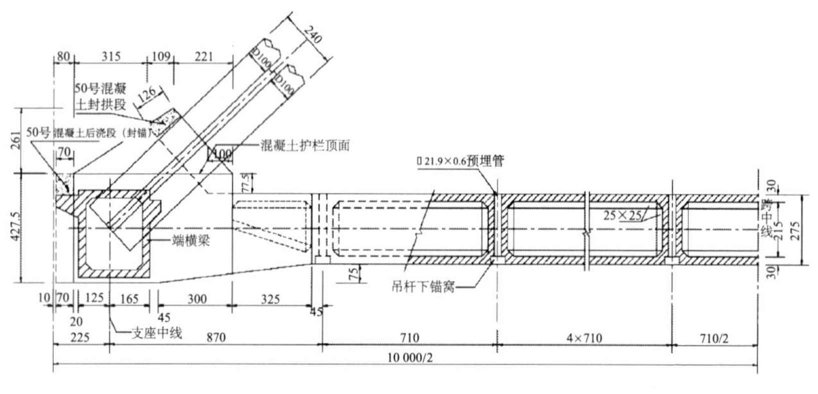

图 2-5　京港澳高速刘江大桥 1/2 系梁立面图

（2）主桥下部结构

主桥下部结构为空心墩，群桩基础。当柱高在 7m 以上时，桩顶设置横梁系，桥面横坡由桩柱调整。纵向水平力计算，考虑桥面的连续作用，按连续梁弹模结构理论计算墩台水平力。该桥计算时考虑了三种河床断面形态，即实测河床断面、发生最大冲刷深度时的河床断面和考虑河床淤积的断面。

下部结构摩擦桩桩长根据《工程地质报告》提供的各墩台位附近钻孔地质资料和河南黄河勘测设计院提供的冲刷深度，按《公路桥涵地基与基础设计规范》(JTJ 024—85) 计算确定。其中土层的极限摩阻力根据郑州、开封两黄河桥的试桩成果，考虑摩擦桩的实际工作机理进行修正。

实际桥梁如图 2-6 所示。

图 2-6　京港澳高速刘江大桥现场图

2.1.3　京港澳高速刘江大桥主桥有限元建模

为了全面、准确地分析京港澳高速刘江大桥主桥——钢管混凝土拱桥的静力和动力性能，必须建立符合结构实际情况的桥梁空间有限元计算模型。采用大型通用有限元分析软件 ANSYS 建立京港澳高速刘江大桥主桥的空间有限元模型，进行桥梁空间力学性能分析。

由于主桥共有 8 跨，且上下行分离，相当于由 16 座简支下承式钢管混凝土拱桥组成，它们除坡度不同外，其他尺寸均相同。为此，本书选取其中 1 跨进行计算和分析。主桥上部结构由拱肋、吊杆和桥面系3部分组成，桥面系包括水平系杆梁、端横梁、中横梁和预制Π形道板。水平系杆梁既要承受拱肋产生的水平推力，又要承受其自重和横梁传来的竖向荷载，为一拉弯构件。拱肋与横撑虽采用双哑铃型截面，但根据试验结果，在受力后基本满足平截面假定，计算时可对其进行相应简化，用通过双哑铃截面形心的梁单元模拟。在桥梁有限元建模中，系杆梁、横梁、拱肋和横撑等构件均采用空间梁单元（BEAM4 ）进行模拟；吊杆采用只承受拉力的空间杆单元（LINK10）模拟；将预制钢筋混凝土Π形道板离散为两种单元，把板肋看作桥面系的纵梁，用空间梁单元模拟，而板肋之间的桥面板用板壳单元（SHELL63）模拟，据此所建立的桥梁空间有限元计算模型如图2-7所示。计算模型结点总数为1 002个，单元总数2 012个，其中空间梁单元1 064个，空间杆单元24个，空间板壳单元924个。在拱肋的有限元建模中，为简化计算，将实际的悬链线式拱轴线离散为若干直线段的空间梁单元。桥梁边界条件按一端铰支，另一端滑动处理。

计算采用的材料常数根据桥梁有关规范确定。材料常数：钢材弹性模量为2.1×10^5 MPa，镀锌钢丝弹性模量为1.9×10^5 MPa，50号混凝土弹性模量为3.5×10^4 MPa，钢材密度取7 850kg/m^3，混凝土密度取2 500kg/m^3。对于钢管混凝土拱肋，根据拱肋混凝土及钢材的实际用量计算其平均密度值，拱肋截面刚度EA、EI的计算根据《钢管混凝土结构设计与施工规程》（CECS 28:90 ）计算公式确定。

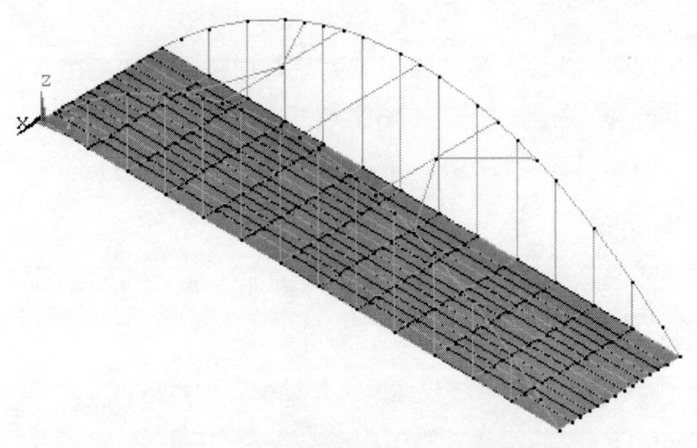

图 2－7　桥梁空间有限元计算模型

2.2　京港澳高速刘江大桥静力性能分析和吊杆损伤对静力性能的影响

2.2.1　静力分析结果

桥梁恒载根据输入的桥梁材料参数和几何参数按给定的数据文件由程序自动加载，桥梁所承受的活载根据《公路桥涵设计通用规范》（JTGD 60—2004）中车辆荷载确定，桥上汽车荷载靠外侧按最不利位置布置。

为了研究吊杆损伤对京港澳高速刘江大桥静力性能的影响，并考虑到恒载作用下的桥梁静力性能与恒载＋活载作用下的桥梁静力性能相似，按以下 8 种计算工况对桥梁在恒载＋活载作用下进行静力性能分析，以模拟吊杆损伤或吊杆更换等情况（D 表示外侧，d 表示内侧）。

工况 1：恒载＋活载作用下拱桥完好状态。

工况 2：恒载＋活载作用下去除对称跨中位置处吊杆（去除 D6、d6 吊杆）。

工况 3：恒载＋活载作用下去除对称 1/4 跨位置处吊杆（去除 D3、d3 吊杆）。

工况 4：恒载＋活载作用下去除外侧跨中位置处吊杆（去除 D6、D7 吊杆）。

工况 5：恒载＋活载作用下去除外侧 1/4 跨位置处吊杆（去除 D3、D10 吊杆）。

工况 6：恒载＋活载作用下去除斜对称跨中位置处吊杆（去除 D6、d7 吊杆）。

工况 7：恒载＋活载作用下去除斜对称 1/4 跨位置处吊杆（去除吊杆）。

工况 8：恒载＋活载作用下去除外侧 1/4 跨位置处 1 根吊杆（去除 D3 吊杆）。

去除吊杆可利用 ANSYS 程序中单元的生和死功能实现，要达到“单元死”效果，ANSYS 程序并不是将“杀死”的单元从模型中删除，而是将其刚度矩阵乘以一个很小的因子，死单元的荷载、质量和其他类似的效果都将设为 0，但“杀死”的单元仍在模型中，它们将包括在单元显示、输出列表等中。另外，桥上汽车荷载输入时，汽车的轮位点与桥面板离散所用板壳单元的结点不一定重合，由于 ANSYS 程序板壳单元不能输入非结点竖向集中荷载，为了解决此问题，可将板壳单元内的汽车轮位点处设为“硬点”，实现板壳单元非结点竖向集中荷载输入，避免了为了使汽车轮位点与板壳单元的结点重合需要重新进行桥面板有限元离散。

桥梁吊杆张拉力值如表 2-1 所示。根据以上各种计算工况，计算京港澳高速刘江大桥主桥的静态力学性能，下面给出桥梁在上述工况下完好状态的吊杆内力柱状图及吊杆损伤工况下的吊杆张力值，分别如图 2-8 和表 2-2、表 2-3 所示。图 2-8 中，黄河上游方向拱肋为外侧，汽车荷载靠外侧布置，下游方向为内侧。

表 2-1 桥梁吊杆张拉力值

吊杆序号	1	2～4	5～8	9～11	12
吊杆设计张拉值/kN	1 050	1 200	1 450	1 200	1 050

表 2-2 不同损伤工况下的 1～6 号吊杆张力值 单位：kN

吊杆序号		1	2	3	4	5	6
工况 2	外侧	689	1 170	1 460	1 690	1 900	0
	内侧	651	1 110	1 390	1 610	1 810	0
工况 3	外侧	914	1 610	0	1 820	1 650	1 530
	内侧	866	1 530	0	1 730	1 570	1 450
工况 4	外侧	661	1 140	1 500	1 890	2 360	0
	内侧	661	1 110	1 310	1 390	1 420	1 440
工况 5	外侧	902	1 580	0	1 770	1 610	1 530
	内侧	669	1 110	1 310	1 380	1390	1 390
工况 6	外侧	689	1 170	1 460	1 680	1 890	0
	内侧	647	1 080	1 310	1 460	1 620	1 800
工况 7	外侧	907	1 600	0	1 800	1 640	1 530
	内侧	668	1 100	1 290	1 360	1 370	1 400
工况 8	外侧	907	1 590	0	1 800	1 630	1 530
	内侧	670	1 110	1 310	1 380	1 390	1 390

表 2-3 不同损伤工况下的 7～12 号吊杆张力值 单位：kN

吊杆序号		7	8	9	10	11	12
工况 2	外侧	1 900	1 700	1 530	1 370	1 140	685
	内侧	1 800	1 620	1 460	1 310	1 090	649
工况 3	外侧	1 470	1 440	1 420	1 350	1 150	701
	内侧	1 400	1 370	1 350	1 280	1 100	665
工况 4	外侧	0	2 370	1 890	1 500	1 140	662
	内侧	1 440	1 430	1 390	1 310	1 110	663
工况 5	外侧	1 530	1 620	1 780	0	1 580	904
	内侧	1 400	1 400	1 380	1 320	1 120	672
工况 6	外侧	1 900	1 710	1 540	1 370	1 140	685
	内侧	0	1 800	1 600	1 390	1 120	654
工况 7	外侧	1 470	1 450	1 430	1 360	1 160	706
	内侧	1 450	1 560	1 720	0	1 530	862
工况 8	外侧	1 470	1 440	1 410	1 340	1 150	702
	内侧	1 390	1 390	1 370	1 300	1 110	667

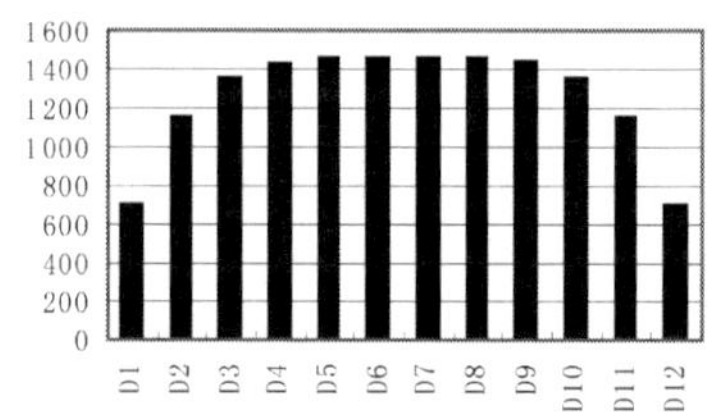

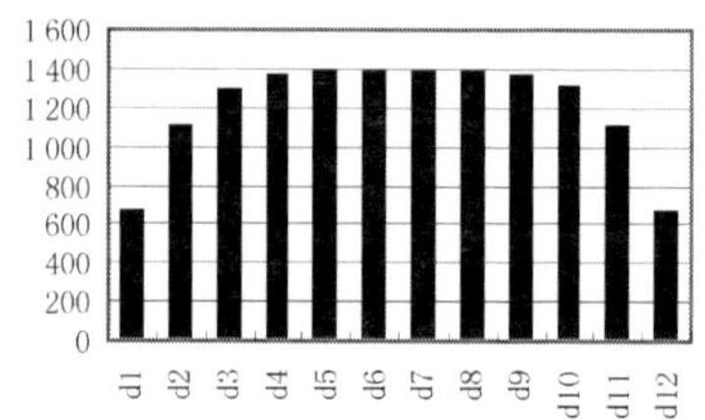

图 2-8 恒载+活载作用下拱桥内外侧吊杆张力柱状图

（单位：kN，D—外侧，d—内侧）

2.2.2 吊杆损伤对静力性能的影响

从上述计算结果可以看出，吊杆损伤对京港澳高速刘江大桥静力性能的影响为：

1）吊杆受力：由于去除了某些吊杆，引起其他吊杆张力增大，特别是与之相邻的吊杆张力增大最多，吊杆张力增大的规律为：从吊杆损伤位置处向两边逐渐递减，由于汽车荷载靠外侧偏载布置，外侧吊杆张力变化比内侧吊杆张力变化大。

2）拱肋受力：轴力变化比较小，也比较均匀；弯矩变化不均匀，在去除吊杆位置处拱肋弯矩增加最大，特别是与之相邻的拱肋弯矩增大较多，其他位置弯矩有所增加；剪力在去除吊杆位置处有突变，增加较多（应考虑剪力的符号），其他点剪力变化较小，并且去除吊杆位置处左右变化趋势相反。

3）系杆梁受力：轴力基本无变化，弯矩变化不均匀，在去除吊杆位置处弯矩增加最大，其他位置弯矩增大较少；剪力在去除吊杆位置处有突变，去除吊杆位置处两侧剪力增加较多，其他位置剪力增加较小。

4）拱桥变形：在去除吊杆位置处，拱肋位移减小，其他点位移增大，去除吊杆所在侧的拱肋位移变化较大，另一侧拱肋位移变化小；系杆梁位移增加，特别是去除吊杆位置处位移增加最大。

5）对比图 2－8、表 2－2 与表 2－3 计算结果可知，所有吊杆的张拉力值都小于吊杆损伤索力值，该拱桥在只有 1 对吊杆损伤以后，不会危及桥梁结构安全，但是工况 4 的情况（同时去除外侧跨中位置处 2 根吊杆）吊杆张力增大较多，应引起特别关注。

6）根据表 2－2 与表 2－3 计算结果，某些工况吊杆损伤后使得与去除吊杆相邻的吊杆张力值超过了吊杆设计索力值，但是有些工况吊杆损伤后，其余吊杆张力值没有超过吊杆设计索力值。从这些计算结果可以得出：对于京港澳高速刘江大桥主桥，从确保中、下承式拱桥更换吊杆时桥梁的安全角度出发，建议2片拱肋吊杆不宜同时更换，对于每片拱肋，先更换跨中位置1根吊杆，然后由跨中向两侧依次更换吊杆；从便于吊杆安全更换角度来看，中、下承式拱桥采用双吊杆比采用单吊杆设计更合理。

2.3 京港澳高速刘江大桥动力特性分析和吊杆损伤对动力特性的影响

结构动力特性主要包括自振频率和振型等，它是进行桥梁结构动力分析的重要参数和桥梁抗震设计的基础。桥梁结构的动力特性可用于桥梁的损伤检测和健康监测，另外在桥梁鉴定和验收规范中对桥梁的竖向和横向自振频率的限值均有一定规定，所以，正确计算桥梁结构的动力特性对桥梁结构的正常维护具有十分重要的意义。

由于钢管混凝土拱桥跨度较大，结构比较复杂，结构动力自由度较多，因而求解全部的自振频率比较困难。实践证明：高阶振型的影响很小，没有必要求解全部特征值及其对应的振型。因此，为节约计算工作量，对拱桥结构一般只求解前几阶频率及相应振型。

吊杆是钢管混凝土拱桥的主要传力构件和易损杆件，活载和桥面系恒载均由吊杆传递到主拱，如果吊杆出现破损，轻则影响桥梁通行能力，重则造成重大事故，四川宜宾市金沙江南门大桥已经给我们敲响了警钟。所以下面分析吊杆损伤对钢管混凝土拱桥动力特性的影响，吊杆损伤采用降低吊杆材料的弹性模量来模拟。根据京港澳高速刘江大桥主桥的结构特点，考虑吊杆损伤，分别计算了桥梁完好状态和19种模拟损伤工况下的自振特性，损伤工况如下：

工况1：桥梁完好状态。

工况2：全部吊杆损伤20%。

工况3：外侧第一根吊杆（D6吊杆）损伤20%。

工况4：外侧第一根吊杆（D6吊杆）损伤40%。

工况5：外侧第一根吊杆（D6吊杆）损伤50%。

工况6：外侧第二根吊杆（D5吊杆）损伤20%。

工况7：外侧第二根吊杆（D5吊杆）损伤40%。

工况8：外侧第二根吊杆（D5吊杆）损伤50%。

工况9：外侧第三根吊杆（D4吊杆）损伤20%。

工况10：外侧第三根吊杆（D4吊杆）损伤40%。

工况11：外侧第三根吊杆（D4吊杆）损伤50%。

工况12：外侧第四根吊杆（D3吊杆）损伤20%。

工况13：外侧第四根吊杆（D3吊杆）损伤40%。

工况14：外侧第四根吊杆（D3吊杆）损伤50%。

工况15：外侧第五根吊杆（D2吊杆）损伤20%。

工况16：外侧第五根吊杆（D2吊杆）损伤40%。

工况17：外侧第五根吊杆（D2吊杆）损伤50%。

工况18：外侧第六根吊杆（D1吊杆）损伤20%。

工况 19：外侧第六根吊杆（D1 吊杆）损伤 40%。

工况 20：外侧第六根吊杆（D1 吊杆）损伤 50%。

2.3.1 动力特性计算结果

桥梁完好状态下的自振频率及振型特征如表 2-4 所示，桥梁在完好状态下的前 8 阶振型图如图 2-9～图 2-18 所示。

表 2-4 桥梁完好状态下的自振频率及振型特征

振型	频率/Hz	振动特征
横向	1.058 7（横 1）	拱横向第 1 阶振动，桥面不动，无竖向和扭转振动
	2.246 2（横 2）	拱横向第 2 阶振动，桥面不动，无竖向和扭转振动
	4.416 1（横 3）	拱横向第 3 阶振动，桥面不动，无竖向和扭转振动
	4.529 1（横 4）	拱横向第 4 阶振动，桥面不动，无竖向和扭转振动
	6.347 2（横 5）	拱横向第 5 阶振动，桥面不动，无竖向和扭转振动
	7.453 9（横 6）	拱横向第 6 阶振动，桥面不动，无竖向和扭转振动
竖向	2.569 1（竖 1）	全桥竖向第 1 阶振动，无横向和扭转振动
	2.685 2（竖 2）	全桥竖向第 2 阶振动，无横向和扭转振动
	5.381 0（竖 3）	竖向第 3 阶振动，有微小横向振动，无扭转振动
	7.146 6（竖 4）	竖向第 4 阶振动，微小横向振动，无扭转振动
扭转	3.844 1（扭 1）	全桥第 1 阶扭转振动，有微小横向和竖向振动
	4.168 4（扭 2）	全桥第 2 阶扭转振动，有微小横向和竖向振动
桥面	4.915 9（面 1）	桥面横向 1 阶振动，拱肋不动，有扭转振动，无竖向振动

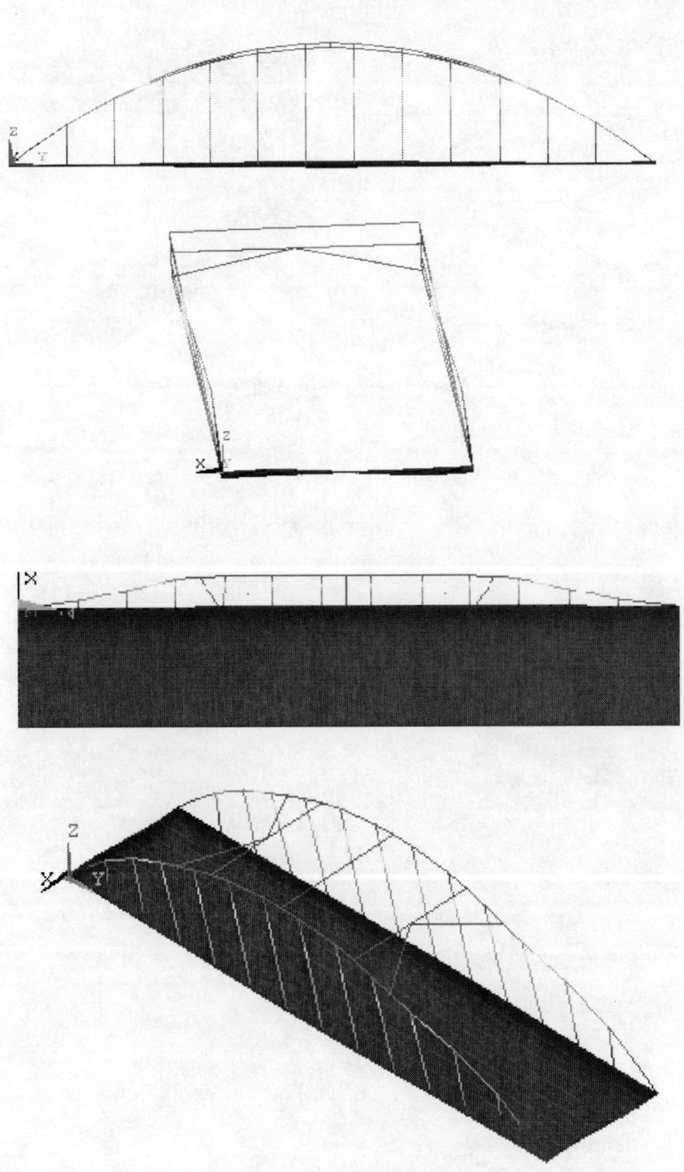

图 2-9 横向第 1 阶振型

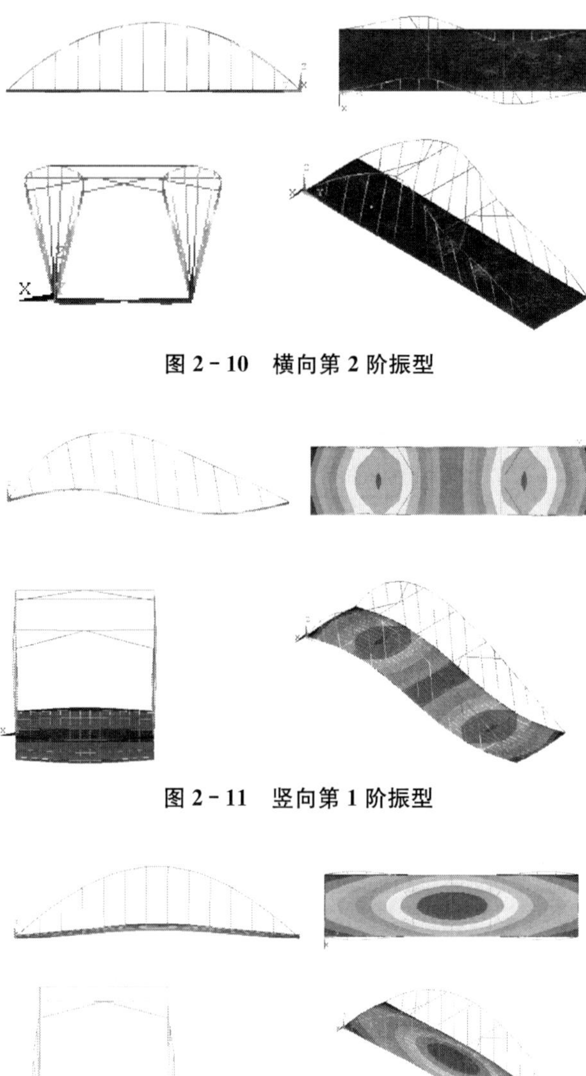

图 2-10　横向第 2 阶振型

图 2-11　竖向第 1 阶振型

图 2-12　竖向第 2 阶振型

图 2－13　扭转第 1 阶振型

图 2－14　扭转第 2 阶振型

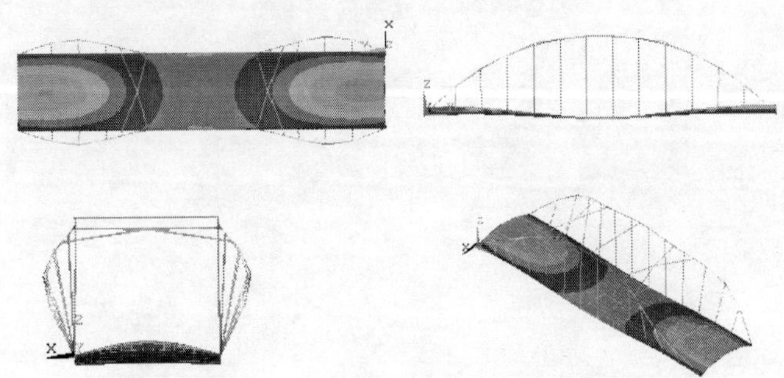

图 2－15　横向第 3 阶振型

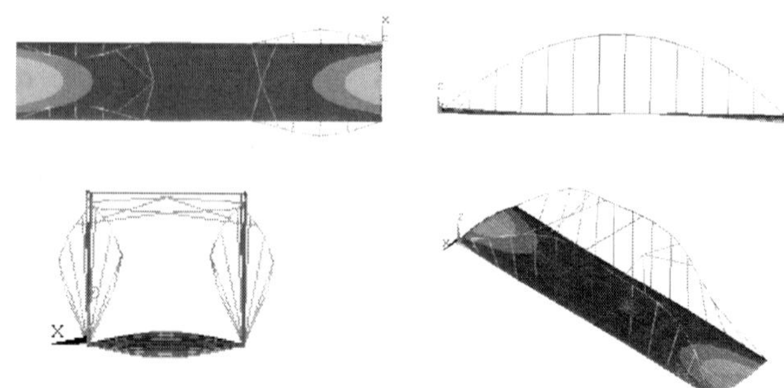

图 2-16　横向第 4 阶振型

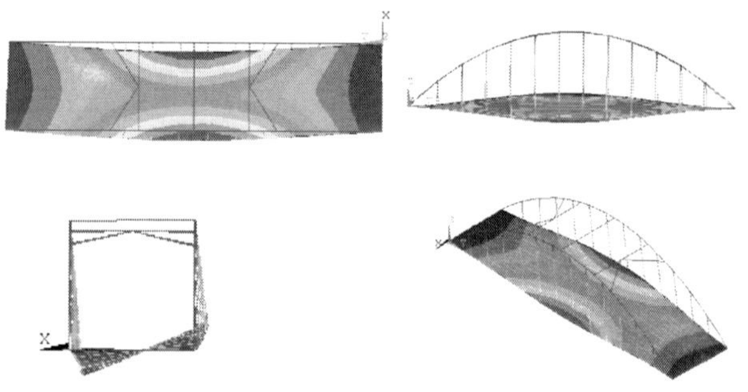

图 2-17　桥面横向第 1 阶振型

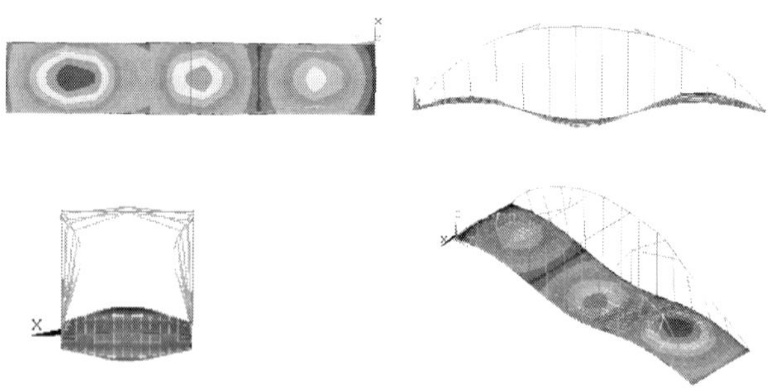

图 2-18　竖向第 3 阶振型

2.3.2 吊杆损伤对动力特性的影响

表 2-5～表 2-7 列出了吊杆损伤工况下京港澳高速刘江大桥主桥的自振频率。图 2-19～图 2-24 给出了工况 3～工况 20 下桥梁前 15 阶自振频率变化曲线图。图中，

频率变化率＝(本工况计算值－无损工况计算值) /无损工况计算值

表 2-8 列出了吊杆损伤对桥梁各阶自振频率的影响，由计算结果分析可知：

表 2-5　各损伤工况下桥梁的自振频率　　单位：Hz

振型	工况 1	工况 2	工况 3	工况 4	工况 5	工况 6	工况 7
横向	1.058 7（横 1）	1.058 5	1.058 7	1.058 7	1.058 7	1.058 7	1.058 7
	2.246 2（横 2）	2.245 6	2.246 2	2.246 2	2.246 2	2.246 2	2.246 2
	4.416 1（横 3）	4.412 4	4.416	4.416	4.416	4.416	4.415 9
	4.529 1（横 4）	4.527 2	4.529	4.529	4.529	4.529	4.528 8
	6.347 2（横 5）	6.289 6	6.347 2	6.347 2	6.347 2	6.347 2	6.347 2
	7.453 9（横 6）	7.444 7	7.453 8	7.453 7	7.453 7	7.453 6	7.453 4
竖向	2.569 1（竖 1）	2.509 2	2.569	2.568 8	2.568 8	2.568 5	2.567 9
	2.685 2（竖 2）	2.598 3	2.684 9	2.684 6	2.684 4	2.683 9	2.682 5
	5.381 0（竖 3）	5.319 1	5.381	5.380 9	5.380 9	5.381	5.381
	7.146 6（竖 4）	7.137 1	7.146 2	7.145 8	7.145 6	7.146 3	7.146
扭转	3.844 1（扭 1）	3.839 6	3.844 1	3.844 1	3.844 1	3.844 1	3.844 1
	4.168 4（扭 2）	4.052 8	4.168	4.167 7	4.167 5	4.167	4.165 6
桥面	4.915 9（面 1）	4.715 6	4.915 1	4.914 3	4.913 9	4.912 5	4.908 7

表 2-6　各损伤工况下桥梁的自振频率　　单位：Hz

振型	工况 8	工况 9	工况 10	工况 11	工况 12	工况 13	工况 14
横向	1.058 7（横 1）	1.058 7	1.058 7	1.058 7	1.058 7	1.058 7	1.058 7
	2.246 2（横 2）	2.246 2	2.246 1	2.246 1	2.246 2	2.246 2	2.246 1
	4.415 8（横 3）	4.416 1	4.416	4.416	4.416 1	4.416 1	4.416 1
	4.528 8（横 4）	4.528 9	4.528 8	4.528 7	4.528 9	4.528 8	4.528 7
	6.347 2（横 5）	6.347 1	6.347	6.347	6.347	6.346 7	6.346 6
	7.453 2（横 6）	7.453 5	7.453	7.452 8	7.453 5	7.453 1	7.452 8
竖向	2.567 5（竖 1）	2.567 8	2.566 4	2.565 6	2.567 3	2.565 1	2.563 9
	2.681 8（竖 2）	2.682 3	2.679 2	2.677 6	2.680 3	2.675 2	2.672 5
	5.381（竖 3）	5.380 9	5.380 8	5.380 7	5.379 9	5.378 5	5.377 6
	7.145 8（竖 4）	7.146 6	7.146 6	7.146 6	7.145 9	7.145 1	7.144 7
扭转	3.844 1（扭 1）	3.844 1	3.844 1	3.844 1	3.844 1	3.844 1	3.844 1
	4.164 8（扭 2）	4.165 6	4.162 4	4.160 7	4.164 1	4.159 2	4.156 6
桥面	4.906 6（面 1）	4.908 3	4.899 8	4.895 1	4.903 9	4.890 6	4.883 3

表 2-7　各损伤工况下桥梁的自振频率　　单位：Hz

振型	工况 15	工况 16	工况 17	工况 18	工况 19	工况 20
横向	1.058 7（横 1）	1.058 7	1.058 7	1.058 7	1.058 7	1.058 7
	2.246 2（横 2）	2.246 2	2.246 2	2.246 2	2.246 2	2.246 2
	4.415 9（横 3）	4.415 7	4.415 6	4.415 7	4.415 2	4.415
	4.529（横 4）	4.528 9	4.528 8	4.529	4.528 9	4.528 9
	6.346 8（横 5）	6.346 3	6.346 1	6.346 6	6.346 1	6.345 8
	7.453 7（横 6）	7.453 4	7.453 3	7.453 8	7.453 8	7.453 8
竖向	2.567 2（竖 1）	2.564 8	2.563 4	2.567 5	2.565 5	2.564 3
	2.678 3（竖 2）	2.671 1	2.667 3	2.676 6	2.667 6	2.662 9
	5.378 4（竖 3）	5.375 5	5.373 8	5.378 2	5.375 3	5.373 8
	7.145 6（竖 4）	7.144 5	7.143 9	7.146 4	7.146 1	7.146
扭转	3.844 1（扭 1）	3.844	3.843 9	3.844	3.843 9	3.843 8
	4.162 8（扭 2）	4.156 6	4.153 3	4.162 1	4.155 1	4.151 4
桥面	4.900 5（面 1）	4.883 7	4.874 8	4.898 7	4.880 5	4.871 1

表 2-8 吊杆损伤对桥梁各阶自振频率的影响

振型	工况 2	工况 3-5	工况 6-8	工况 9-11	工况 12-14	工况 15-17	工况 18-20
横向	●	○	○	○	○	○	○
	●	○	○	○	○	○	○
	●	○	○	○	○	○	○
	●	○	○	○	○	○	○
	●	○	○	○	○	●	●
	●	○	○	●	●	●	○
竖向	●	●	●	●	●	●	●
	●	●	●	●	●	●	●
	●	○	○	○	○	●	●
	●	●	●	○	●	●	○
扭转	●	○	○	○	○	○	○
	●	●	●	●	●	●	●
桥面	●	●	●	●	●	●	●

注：符号“●”表示该阶次频率有变化，符号“○”表示该阶次频率无变化。

吊杆损伤对桥梁横向振动影响较小，而对桥梁竖向振动和扭转振动影响较大。桥面系通过吊杆与钢管混凝土拱肋连为一体，其横向振动表现为下承式钢管混凝土拱桥桥面横向振动和扭转振动，故吊杆损伤对桥面横向振动也有影响。由此可以看出吊杆的完好对全桥的安全至关重要。

由图 2-19～图 2-24 可知：桥梁竖向第 2 阶与桥面横向振动对吊杆的损伤比较敏感，故可根据实测的桥梁自振频率值与桥梁健康状态下对应量的变化，再结合其他吊杆损伤检测技术，综合判别出中、下承式拱桥吊杆的工作状态。

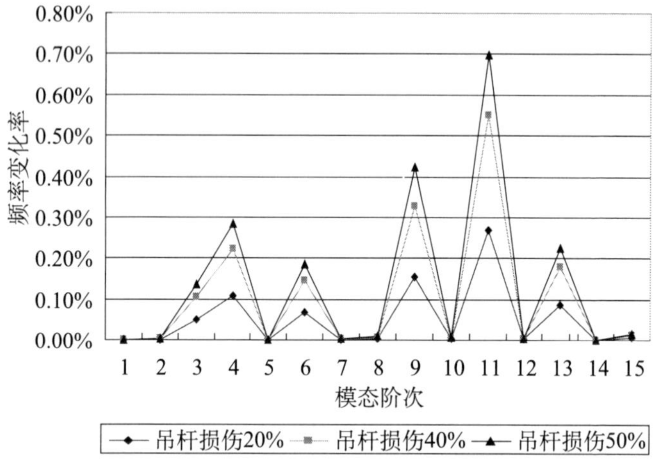

图 2-19　吊杆（D6）损伤对各阶模态的影响

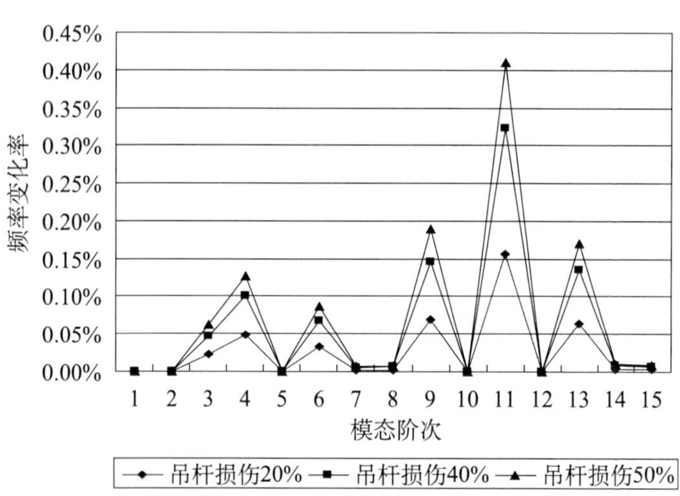

图 2-20　吊杆（D5）损伤对各阶模态的影响

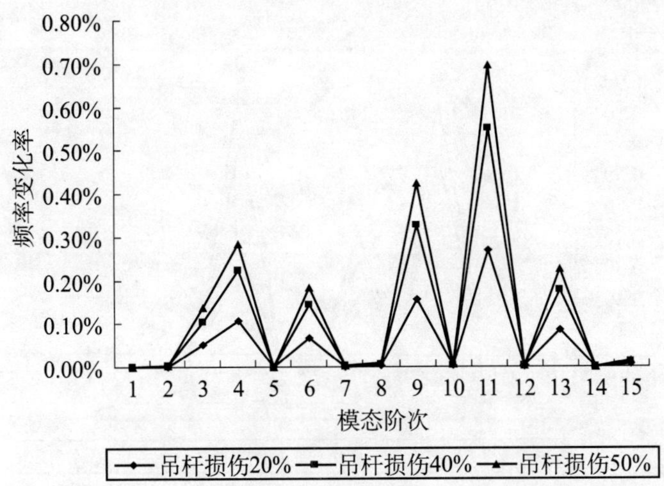

图 2-21 吊杆（D4）损伤对各阶模态的影响

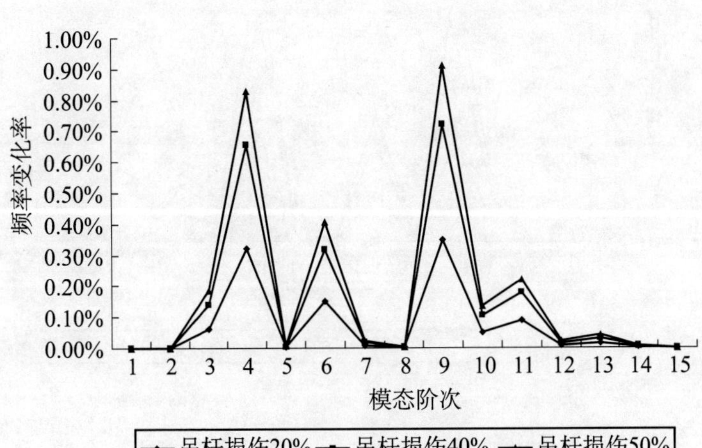

图 2-22 吊杆（D3）损伤对各阶模态的影响

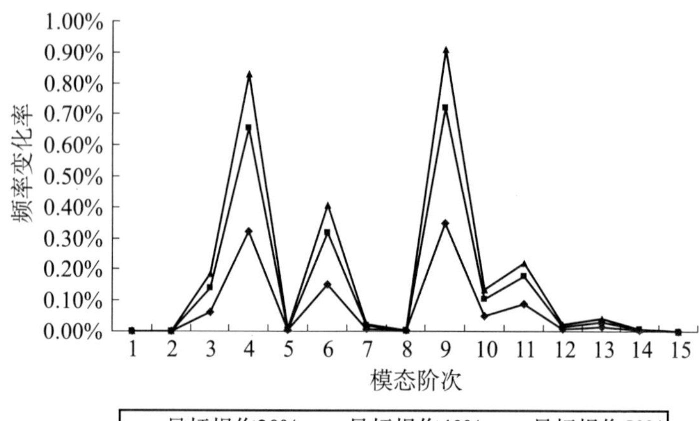

图 2-23　吊杆（D2）损伤对各阶模态的影响

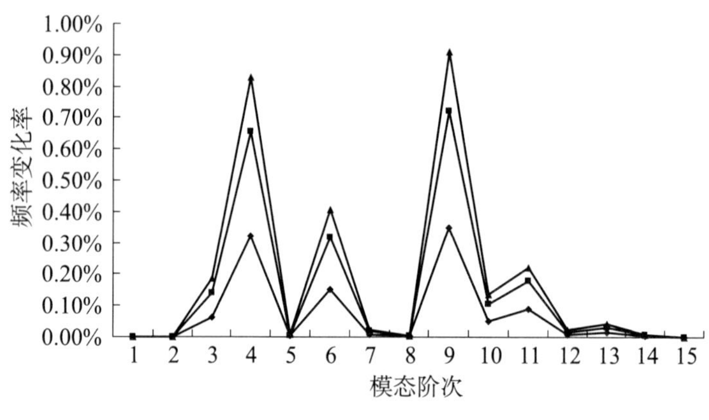

图 2-24　吊杆（D1）损伤对各阶模态的影响

2.4 本章小结

分析计算结果可以看出，吊杆损伤对京港澳高速刘江大桥主桥的静力性能和动力特性的影响与吊杆位置有关，具体结论如下：

1）吊杆受力：由于去除了某些吊杆，引起其他吊杆张力增大，特别是与之相邻的吊杆张力增大最多，吊杆张力增大的规律为：从吊杆破断位置处向两边逐渐递减，由于汽车荷载靠外侧偏载布置，外侧吊杆张力变化比内侧吊杆张力变化大。

2）拱桥变形：在去除吊杆位置处，拱肋位移减小，其他点位移增大，去除吊杆所在侧的拱肋位移变化较大，另一侧拱肋位移变化小；系杆梁位移增加，特别是去除吊杆位置处位移增加最大。

3）所有吊杆的张拉力值都小于吊杆损伤索力值，在只有1对吊杆损伤以后，不会危及桥梁结构安全，但是静力计算工况4的情况（同时去除外侧跨中位置处2根吊杆）吊杆张力增大较多，应特别引起关注。

4）某些工况吊杆损伤后使得与去除吊杆相邻的吊杆张力值超过了吊杆设计索力值，但是有些工况吊杆破断后，其余吊杆张力值没有超过吊杆设计索力值。因此，从确保中、下承式拱桥更换吊杆时桥梁的安全角度出发，建议2片拱肋吊杆不宜同时更换，对于每片拱肋，先更换跨中位置1根吊杆，然后由跨中向两侧依次更换吊杆；从便于吊杆安全更换角度来看，中、下承式拱桥采用双吊杆比采用单吊杆设计更合理。

5）由于吊杆的作用，桥面与拱肋在竖向呈现同步振动的特征，且第1阶振型为反对称，第2阶、第3阶振型为对称振动，这与一般桥梁第 1 阶振型的对称振动有所不同。

6）该桥竖向振动频率比一般下承式钢管混凝土系杆拱桥大，这主要是由京港澳高速刘江大桥的自身特点所决定的，其竖向结构是由拱肋、吊杆和刚性系杆梁共同组成的受力体系，横梁通过刚性节点固结于系杆梁上，系杆梁再通过吊杆将荷载传至钢管混凝土拱肋，不同于以往横梁通过吊杆直接悬挂于拱肋上的结构体系，桥梁的竖向弯曲刚度主要由拱肋和系杆梁的刚度决定。

7）吊杆损伤对桥梁横向振动影响较小，而对桥梁竖向振动、扭转振动和桥面横向振动影响较大。

3　京港澳高速刘江大桥吊杆张力测试理论研究

3.1　索力测试的研究概况

吊杆索力测定是钢管混凝土拱桥健康监测的重要内容，在桥梁施工过程中，吊杆张力的测定也是十分重要的，它可以保证桥梁在施工过程中的安全，优化拱肋和系杆梁的受内力，改善构件受力，确保桥梁顺利竣工。

基于振动测定法的张力测定技术最早是应用于斜拉桥的斜拉索张力测定，随着理论与实践日趋成熟，中、下承式拱桥吊杆的张力测定也主要借鉴斜拉桥斜拉索的张力测定理论和方法。但是，吊杆和斜拉索虽然在材料和力学行为上相似，但吊杆与斜拉索有许多不同之处，如长度不同，吊杆长度一般不会超过 50m，而斜拉索长度一般都在 50m 以上；由于吊杆长度较小，其抗弯刚度和两端支承边界条件的影响往往无法忽略。由于这些差别，斜拉索张力测定的理论和方法在吊杆的张力测定中是否完全适用，会产生多大的误差，如何消除这些误差以提高吊杆张力测试结果的精度等，这些问题都还需要进一步研究。

3.1.1 索力测定技术

斜拉桥、悬索桥和中、下承式拱桥都是利用拉索或吊杆等索结构作为桥面系的弹性支承，使主梁变为多跨支承的连续梁，减小了主梁的截面尺寸，提高了桥梁的跨越能力。所以，索结构的张力控制着整个桥面系的内力分布和线形，任何一根索张力的改变都会对全桥内力产生影响，在桥梁运营期间，索张力的改变也反映了桥梁受力状态的改变。因此，在桥梁设计中可以借助拉索的预拉力在一定范围内的调整，控制主梁恒载内力分布，从而达到优化设计的目的；在桥梁施工中拉索张力受许多因素的影响，不可能恰好等于设计值，而存在一定偏差，其偏差对拉索本身来说，可能并不危及安全，但对主梁则可能是危险的。例如，预应力混凝土斜拉桥，拉索张力偏差的存在可能会抵消主梁内某些截面的预压应力储备，从而导致该截面在重车通过时产生开裂。因此，在桥梁施工中如何准确控制拉索张力，运营期间准确掌握拉索张力的大小，这对了解桥梁的受力状态是十分重要的，拉索张力变化已经成为有拉索桥梁健康状态评估的重要指标。

目前，国内外对于拉索张力测定的研究较多集中在斜拉桥斜拉索的张力测定上，虽然对中、下承式拱桥吊杆张力测定也有研究，但是还处于初步研究阶段，现有文献多为斜拉桥斜拉索张力测定方法的直接应用，一般不考虑斜拉桥斜拉索与拱桥吊杆张力测定之间的差别，吊杆张力测定精度如何还有待进一步探讨和研究。

3.1.1.1 斜拉桥斜拉索的张力测定

（1）常用测定方法及其优缺点

在实际工程中，常用的拉索张力测定方法有：

1）压力表测定法：拉索张拉时，由经过标定的张拉系统上油压表的读数确定张力值。

2）压力传感器测定法：在锚头与垫板之间放置压力传感器测定张力值。

3）静态应变测定法：在拉索上粘贴应变片，根据其应变推算出张力值。

4）振动测定法：由振动测试设备测得拉索的横向振动频率，根据张力与振动频率之间的关系式换算得到张力值。

压力表测定法由于张拉系统千斤顶漏油等因素的影响，测试精度较低，达不到监控要求，只能作为拉索安装与调整时的参考，并且安装完成后无法进行复测。压力传感器测定法所测张力可作为拉索张力监控的依据，并可以当作校核其他测试方法的基准，但由于造价昂贵，不可能作为大规模张力测控的手段，只能在部分拉索上选用。静态应变测定法，由于具体实施相当烦琐，一旦应变片破坏，将不能再对拉索张力进行测控，而且也只能对个别拉索做短期观测。振动测定法测试方便、精度较高，在大规模测试和拉索安装完成后的复测上，几乎是唯一的选择，而且测试设备轻便，操作简便、迅速，所以在实践中有较好的应用前景。

压力表测定法、压力传感器测定法和静态应变测定法均属于直接法，振动测定法则属于间接法，它通过测得拉索的自振频率间接换算拉索张力。由于振动测定法在成桥后的大规模测试中具有很大优势，已成为目前测量斜拉桥斜拉索张力最广泛采用的一种方法。在这种方法中，以环境振动或强迫激励拉索，传感器记录下拉索振动信号数据，并由此识别出拉索的自由振动频率，拉索张力由测得的频率换算而间接得到。因此，振动法有两个需要重点研究的问题，一个问题是如何通过现场振动实验准确地识别出拉索的自振频率；另一个问题是如何考虑各种因素由频率换算得出拉索张力。

（2）振动测定法理论研究

1）弦的振动：当斜拉索的抗弯刚度 EI 很小以至可以忽略不计时，张紧的斜拉索在不考虑斜度和垂度等其他因素影响时，可简化为理想的弦。弦振动问题的研究可分为以下 3 种：弦两端固定；弦两端弹性支承；弦一端弹性支承、另一端固定。

① 弦两端固定时，由于弦无抗弯刚度，固定端支承即为铰结支承。此时，根据结构动力学理论，由弦的振型函数代入弦几何边界条件可获得弦频率方程，并借此可确定出张力与频率之间的关系。

$$T = 4ml^2 \left(\frac{f_n}{n}\right)^2 \tag{3-1}$$

式（3-1）为张力和频率关系的显式表达式，该公式简单明了，便于工程实际应用，在实际工程误差允许的情况下经常采用。

② 两端弹性支承时，可采用同样的方法推导出张力与频率的关系式，但是此公式较为复杂，不便于实际应用。

③ 对于带减震架的吊杆，其边界条件为一端弹性支承、另一端固定，此时张力和频率之间也没有显式表达式。

2）抗弯刚度的影响：当考虑拉索抗弯刚度影响时，拉索两端边界条件可分为 2 种特殊的边界支承条件：两端简支和两端固结。

① 弦两端简支时，由结构动力学理论可推导出与弦两端固定时弦张力与频率关系相似的公式，只是在公式（3-1）中加入了抗弯刚度的影响。公式为

$$T = 4ml^2 \left(\frac{f_n}{n}\right)^2 - EI \left(\frac{n\pi}{l}\right)^2 \tag{3-2}$$

② 两端固结时，只能推出频率方程的表达式，无法给出张力和频率之间关系的显式表达式。

3）垂度的影响：斜拉索垂度的影响，可引入无量纲参数 K 考虑。静力分析研究表明，当 K 值大于 1.5 时，索可以不考虑垂度的影响，张力和索伸长之间存在线性关系，即 $K>1.5$ 时可将索视为张紧的拉索，但这一结论仅根据静力分析结果得出，能否适用于索的动力分析尚有待研究。进一步分析索的振动频率 f 随参数 K 的变化规律发现，拉索垂度对基频的影响较大，若使垂度对基频的影响控制在 5%以内，则相应的 K 值必须大于 2.5。但拉索垂度对高阶（4 阶及以上）频率的影响较小，即使 K 值小至 0.5，其影响亦不超过 5%，且上述规律并不随索长的变化而显著变化。对于实际斜拉桥，一般 K 值均大于 3，此时无论是动力分析还是静力分析，垂度的影响均可忽略不计，但当拉索在施工过程中采用分阶段多次张拉时，第一、二次张拉时的 K 值可能小于 2，此时为减小垂度的影响，可采 4 阶及以上的频率来计算相应的张力。

4）斜度的影响：实际斜拉索均存在相应的斜度，亦即两端不等高。分析研究结果表明，在其他条件保持不变的情形下，当拉索的倾角由 20°增加到 80°时，相同频率下张力的变化不超过 1%，因此斜度的影响可以忽略不计。

5）边界条件的影响：就当前所分析的一些情形而言，铰支边界与固支边界计算所得结果相差不超过 5%，实际上，拉索边界条件的影响是拉索抗弯刚度影响的反映，若拉索抗弯刚度 $EI=0$，则两种边界效果等同。

6）减震器的影响：为了减小索在风荷载或车辆荷载作用下的振动，常常在索座部位设置减震器。当减震器系统的支承刚度大于 1.0×10^{4} kN/m 时，减震器可视为索的刚性支承。当然，这些仅对较短的索而言，因此时减震器作为索跨内的支承使索的自由长度缩短相对较多，而对于长索，不管减震器的刚度如何变化，其对索的自由长度的影响均较小。就一般的工程实践而言，对于长度大于150m 的拉索，不论减震器安装与否，其对张力测定精度的影响不会超过 5%。

7）弹性支承的影响：间接测量法是通过测定斜拉索自振频率，再由此实测频率依据计算公式反算出斜拉索的预拉力。实践证明，此种方法在实际应用中还存在一定误差，主要原因之一就是计算公式中假定拉索两端固结，没有考虑桥梁主梁和索塔对拉索形成弹性支承的影响。郭向荣根据斜拉桥柔性拉索的结构特点，建立具有弹性支承的斜拉桥拉索的动力分析模型，根据势能驻值原理，研究给出了斜拉桥柔性拉索在两端弹性支承情况下的振动方程，按“对号入座”法则得到柔性拉索体系的刚度矩阵和质量矩阵，分析弹性支承对斜拉桥柔性拉索自振频率的影响，所得结果可用于确定斜拉桥拉索的预拉力。分析结果表明，考虑弹性支承影响的固有圆频率比固结时的固有圆频率小，随着弹性支承刚度的增加，二者逐渐接近；利用该关系曲线图，可对常规公式计算出的拉索预拉力 T 进行修正，提高斜拉桥拉索预拉力的计算精度。

8）环境因素的影响：由张力计算公式（3-1）可以看出，当索张力一定时，索的频率与索的长度、线密度等参数有关。在环境因素发生变化时，如温度、雨雪、风力等影响都将会改变索的参数，使频率在某一区域内变动。由于索的这些参数无法准确地测量，所以利用振动法检测出的张力仅是一近似值，且难以把握其误差范围。

蔡敏等为了了解拉索频率的变化规律，提供准确的张力检测依据，在铜陵长江大桥进行了长期连续的跟踪检测，根据不同条件下的检测结果，总结出拉索频率的变化幅度。综合检测资料可以估计出一根索在不同测试条件下的最大基频值要比其最小值大出10%左右，这种误差已是不容忽视的，因此若要正确地检测出拉索张力，必须同时了解环境因素，掌握其变化的规律，排除那些影响拉索频率变化的因素，这样才能提高测试的精确度，达到张力检测的目的。这一结论可以为使用振动法测试张力提供参考。

(3) 张力标定

测出拉索的自振频率后，求张力的方法有2种：

1) 按理论公式计算。分不同情况选择合适的公式进行计算。

2) 根据张力标定结果换算。

张力标定时，一种方法是按直径分类标定，每类选择大、中、小3种不同直径的拉索；另一种方法是按索长分类标定，每类挑选长、短、中间3根拉索。

按上述2种方法确定了标定试验所用的拉索后，根据其工作的张力范围，选择不同的吨位，进行拉索张力标定，得出频率与张力的关系，以此为标准进行张力的换算。

(4) 自振频率测试

频率测试结果的正确性是张力测定能否成功的先决条件。测试现场的不确定因素很多，如何保证记录的测试数据的正确性呢？一般做法是在现场判断一下测试记录数据是否正确，一旦发现数据存在问题，要及时解决，还要对数据进行重新测试记录。

当不考虑垂度影响时，对抗弯刚度可以忽略的缆索，它的任意相邻 2 阶频率之差等于第 1 阶自振频率（f_1），n 阶自振频率与基频之比得到振动阶数 n，这是无弯曲刚度张紧索的一个重要特性，利用这一特性，通过频谱分析，可以判断所测得的频率是否是该结构的自振频率，这一自检过程是很重要的，频率的准确性可保证所计算张力的准确性。

在测试过程中可采用 2 种不同的激励方式，一种是人工激励；另一种是环境脉动（如大地脉动、风动）。虽然有一些专用的激振设备和相应输入—输出测试装置，但由于现场实验条件、结构的复杂性和实测数据质量等因素往往限制了这类专用激振设备的使用，一些重型的激振装置造价昂贵，势必增加了测试的成本，采用这种方法必须关闭线路，这对交通繁忙的桥梁带来诸多不便，在施工中，受现场条件限制，也不一定能够使用这些装置。

另外，车辆、行人、风等是作用在结构上的环境或自然激励，用环境激励引起的振动对结构系统进行测试显然具有许多优点：无须贵重的激励设备，也无须打断结构的正常使用，方便省时，只需记录响应数据等。环境振动测试法是一种仅有输出数据的动态测试，它只测试结构的响应，而不测试复杂的环境激励，因此频率识别方法是仅基于输出数据的识别。

通过环境振动测试斜拉桥拉索频率的常用方法是频域中的峰值法。这种方法最初是基于频率响应函数在结构的自振频率处达到极值的理论。在仅有输出的环境振动测试中，频率响应函数被输出数据的自功率谱取代，功率谱由测得的加速度时程经过离散傅里叶变换得到。拾取功率谱密度图上的峰值，即可简单确定频率值。

环境振动的随机性相当大，结果的变异性也比较大。通常由环境振动测试得到的功率谱的结果不是非常理想，真实的峰值有时不容易识别，所以有必要用几种不同的识别方法互为补充和验证。一些文献采用倒频谱分析作为功率谱峰值法的补充。倒频谱的定义为"对数功率谱的傅里叶逆变换"，用符号表示则为

$$C_{XX}(\tau)=F^{-1}\{\lg G_{XX}(f)\} \tag{3-3}$$

式中，$G_{XX}(f)$ 为自谱（功率谱）。

实际上，倒频谱是将功率谱数据视为信号，对功率谱所作的谱。倒频谱分析方法广泛应用于机器故障诊断、回声检测与剔除、语音分析等领域。因为它具有能够检测到功率谱上周期分量的能力。而振动的拉索功率谱上的峰值具有明显的周期性，因此可以通过倒频谱分析得到较好的结果。

3.1.1.2　中、下承式拱桥吊杆的张力测定

中、下承式拱桥中的吊杆和斜拉桥中的斜拉索在长度上有很大的不同。由于拱肋主要承受压力，失稳问题比较突出，这就决定了拱的矢高不可能太大，即吊杆的长度一般在 50m 以内。而斜拉桥中由于受拉索倾斜角的限制，其长度一般均较大。虽然中、下承式拱桥吊杆和斜拉桥斜拉索，在结构功能、结构构造及荷载行为上有很大的相似性，但是由于吊杆和斜拉索长度的不同，索的抗弯刚度、边界条件等对使用间接法测定索的张力将产生较大的影响。为了提高吊杆张力测试的精确度，结合吊杆的特点，研究便于应用又具有较高精度的张力计算公式，在当前中、下承式拱桥大规模建设

的情况下，具有很大的应用价值。

九江长江大桥主航道上的公铁两用桥主桥为一联三跨（180+216+180）m连续刚性梁柔性拱体系，吊杆采用了钢板焊接成的H形截面刚性吊杆，在施工过程中拆除了吊杆的临时支撑后，吊杆拉力达到恒载内力的80%，吊杆随即在风速8m/s左右的情况下出现过多次涡激振动。余岭等利用脉动法对九江长江大桥吊杆进行了自振频率测试，实际测试结果表明大桥各吊杆受力状况良好，吊杆涡振时其横向绕流漩涡脱落频率等于其自振频率。冯仲仁等采用自振频率法对武汉市晴川桥吊杆进行振动频率测试，通过分析吊杆的振动特性求出整个大桥吊杆的张力，实际结果表明这种方法是可行的，吊杆的张力在容许范围内，但这一测试分析方法对于靠近桥头的4根吊杆是无效的，主要原因是这4根吊杆长度太短，两端不能简化为铰接，吊杆的弯曲刚度也不能忽略，因此，对这样的吊杆其张力测定的方法还需进一步研究。

3.1.2 吊杆及拉索的健康监测

我国中、下承式拱桥多为平行单吊杆体系，早期采用简单的P.C夹片锚具，最近逐渐采用了墩头类锚具。20世纪80年代，日本在跨径为60～100m，乃至200m左右的桥梁中广泛使用中、下承式提篮拱，其中80%以上为交叉的双吊杆，即使少量采用平行吊杆，也是双吊杆，平行单吊杆几乎没有。基于“破损安全”原则，单吊杆体系存在以下危险：一根吊杆失效会殃及全桥，且拆换不易、费用很高。吊杆、拉索断损和换索的事例，国内外均不罕见。无论斜拉桥和带吊杆的拱桥，换索费用都很高，为吊杆、拉索本身造价的数十倍。

近年来大型桥梁拉索的安全性问题已经引起了人们的高度重视，但由于拉索特殊的结构特点和不利的工作环境，使得拉索很容易损坏，且环境因素对桥梁结构动力特性的影响很大，一般损伤导致的结构参数的变化易被埋没其中，目前有限的损伤识别方法还不够成熟或全面。拉索是斜拉桥和悬索桥的重要组成部分，其造价为全桥造价的25％～30％，其健康监测是全桥健康监测的重要组成部分。拉索损伤的主要原因有拉索累积损伤和自然损伤，累积损伤主要是疲劳和腐蚀，自然损伤主要有大风、地震、车辆的撞击等，拉索健康监测的主要方法有：人工检测、局部漏磁检测、张力检测、模态检测、光纤检测和电阻应变片动应力监测等，均可为大跨度桥梁拉索安全检测提供技术依据。

3.2　吊杆张力测定理论和方法

张力测定理论最早起源于弦的振动研究，由于不考虑弯曲刚度的影响，弦张力与振动频率之间存在着简单的关系。斜拉桥的斜拉索由于长度较大，拉索的弯曲刚度影响可以忽略不计，只要通过振动测试得到拉索的振动频率，采用基于弦理论的张力计算公式即可求得满足精度要求的拉索张力，由此可以了解斜拉索的受力状态。由于基于弦理论的张力测定公式计算简单，得到了广泛的应用。

随着拉索长度的减小，弯曲刚度和边界条件的影响逐渐增大。对于中、下承式拱桥的吊杆，由于长度较小，必须考虑弯曲刚度和边界条件的影响。当只考虑弯曲刚度时，计算模型为考虑轴力影响的两端简支梁模型，通过推导可以得到比较简单的张力计算公式。

如果同时考虑弯曲刚度和两端固定支承边界条件，计算模型为考虑轴力影响的两端固定梁模型，通过微分方程和边界条件，所得到的频率方程为超越方程，无法直接得到简单的张力计算公式，吊杆张力显式计算公式只能通过曲线拟合得到。

3.2.1 确定吊杆静张力的理论和方法

3.2.1.1 弦模型

一根水平张紧的吊杆如图 3－1 所示，当不考虑其弯曲刚度时，其力学模型可以简化为一根弦，弦的微小横向振动方程是数学物理方程中的波动方程，当弦两端固定时，由于弦没有弯曲刚度，弦边界条件为铰支。下面将采用 2 种不同的方法来推导出弦的振动方程。

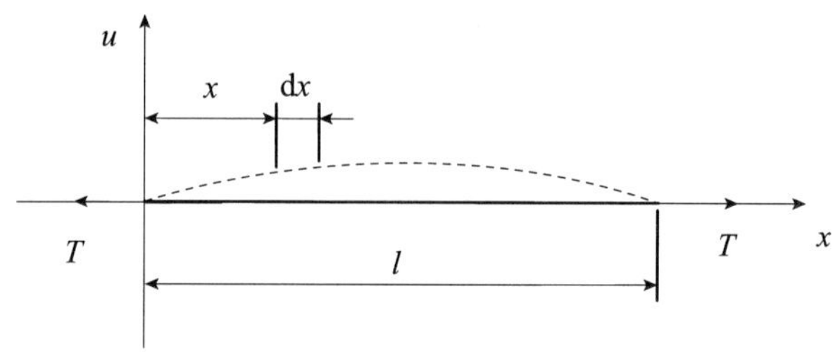

图 3－1　水平张紧弦的横向振动

（1）弦的微小横向振动

考虑一根长度为 l 的弦，平衡时沿着直线绷紧，在受到微小扰动后作微小横向振动。所谓弦，是指由弹性材料构成的细而长的柔软线，它可以自由弯曲，当承受一定的张力时，张力的方向总是沿着弦线的切线方向，张力的大小恒为常数 T 。所谓横向振动，是指弦的运动发生在一个平面内，并且弦上各点的位移与弦的平衡位置垂直。所谓微小，不但是指弦上各点的振幅与弦长相比很小，还指弦在偏离平衡位置后，弦上任何一点的斜率远小于1。这里明确界定了“弦的微小横向振动”的含义，在应用弦模型推导出吊杆张力计算公式时，必须保证公式的适用条件得到满足。

为了推导弦的振动方程，取弦的平衡位置为 x 轴，以 $u(x,t)$ 表示弦上坐标为 x 的点在时刻 t 的横向位移。采用动量原理推导弦的横向振动方程：弦段 (x_1,x_2) 在 $\Delta t=t_2-t_1$ 时间内 u 轴方向动量的变化等于沿 u 轴方向的作用力的冲量和。

1) u 轴方向作用力的冲量和：弦段 (x_1,x_2) 所受的力有外力和作用在2个端点的张力 T，如图3-2所示。按照弦横向振动的假设，外力的方向是平行于 u 轴的，假定这个外力的线密度为 $F(x,t)$，则其冲量为

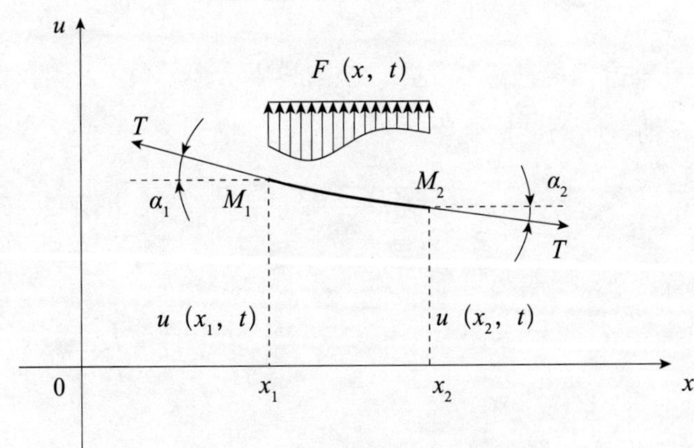

图3-2　弦段受力示意图

$$Q_1=\int_{x_1}^{x_2}\int_{t_1}^{t_2}F(x,t)\mathrm{d}t\mathrm{d}x$$

根据 $|u'_x|\ll 1$ 的假定可推出，x_1 和 x_2 点处张力 T 在 u 方向的投

影分别为

$$T\sin\alpha_1 = \frac{T\tan\alpha_1}{\sqrt{1+(\tan\alpha_1)^2}} = \frac{T\dfrac{\partial u(x_1,t)}{\partial x}}{\sqrt{1+\left(\dfrac{\partial u(x_1,t)}{\partial x}\right)^2}}$$

$$\doteq T\frac{\partial u(x_1,t)}{\partial x}$$

$$T\sin\alpha_2 = \frac{T\tan\alpha_2}{\sqrt{1+(\tan\alpha_2)^2}} = \frac{T\dfrac{\partial u(x_2,t)}{\partial x}}{\sqrt{1+\left(\dfrac{\partial u(x_2,t)}{\partial x}\right)^2}}$$

$$\doteq T\frac{\partial u(x_2,t)}{\partial x}$$

故张力 T 的冲量沿 u 轴方向的分量为

$$Q_2 = T\int_{t_1}^{t_2}\left[\frac{\partial u(x_2,t)}{\partial x} - \frac{\partial u(x_1,t)}{\partial x}\right]\mathrm{d}t$$

2）u 轴方向的动量变化：设弦的线质量为 $m(x)$，则弦段（x_1，x_2）沿 u 轴方向的动量变化为

$$Q_3 = \int_{x_1}^{x_2} m(x)\left[\frac{\partial u(x,t_2)}{\partial t} - \frac{\partial u(x,t_1)}{\partial t}\right]\mathrm{d}x$$

根据动量原理

$$Q_3 = Q_1 + Q_2$$

即

$$\begin{aligned}&\int_{x_1}^{x_2} m(x)\left[\frac{\partial u(x,t_2)}{\partial t} - \frac{\partial u(x,t_1)}{\partial t}\right]\mathrm{d}x\\ &= T\int_{t_1}^{t_2}\left[\frac{\partial u(x_2,t)}{\partial x} - \frac{\partial u(x_1,t)}{\partial x}\right]\mathrm{d}t + \int_{x_1}^{x_2}\int_{t_1}^{t_2} F(x,t)\,\mathrm{d}t\,\mathrm{d}x\end{aligned} \tag{3-4}$$

上式称为积分形式的弦振动方程。

如果 $u(x,t)$ 有连续的 2 阶偏导数，根据 Newton-Leibniz 公式：

$$\int_a^b f'(x)\mathrm{d}x = f(b) - f(a)$$

式（3-4）可改写为

$$\int_{x_1}^{x_2} m(x)\mathrm{d}x \int_{t_1}^{t_2} \frac{\partial^2 u(x,t)}{\partial t^2}\mathrm{d}t$$

$$= T\int_{t_1}^{t_2}\mathrm{d}t\int_{x_1}^{x_2}\frac{\partial^2 u(x,t)}{\partial x^2}\mathrm{d}x + \int_{x_1}^{x_2}\int_{t_1}^{t_2}F(x,t)\mathrm{d}t\mathrm{d}x$$

移项并交换积分顺序，有

$$\int_{x_1}^{x_2}\int_{t_1}^{t_2}\left[m(x)\frac{\partial^2 u(x,t)}{\partial t^2} - T\frac{\partial^2 u(x,t)}{\partial x^2} - F(x,t)\right]\mathrm{d}t\mathrm{d}x = 0$$

因为上式对任意的 x_1，x_2 及 t_1，t_2 都成立，且被积函数是 (x,t) 的连续函数，所以由连续函数的性质可以推出被积函数恒为零。

$$m(x)\frac{\partial^2 u(x,t)}{\partial t^2} = T\frac{\partial^2 u(x,t)}{\partial x^2} + F(x,t)$$

这是微分形式的弦振动方程，在线质量 $m(x) =$ 常数 的情况下，上式可写成：

$$\frac{\partial^2 u(x,t)}{\partial t^2} = c^2\frac{\partial^2 u(x,t)}{\partial x^2} + f(x,t)$$

其中，$c^2 = \frac{T}{m}$，$f(x,t) = \frac{1}{m}F(x,t)$ 是单位质量的弦所受的外力。

当没有外力时，弦的自由振动方程是齐次方程：

$$\frac{\partial^2 u(x,t)}{\partial t^2} = c^2\frac{\partial^2 u(x,t)}{\partial x^2}$$

以上采用数学的推导过程，其特点是理论严谨、概念清晰，缺点是推导过程烦琐、不易理解。在工程领域关于弦的振动方程的推导则较为简单，力学概念明确，其缺点是适用条件叙述不明。下面采用工程领域中常用的方法再来推导出弦的振动方程。

（2）水平张紧弦的横向振动

设有一水平张紧的弦，当受到外界干扰时产生振动。在无外力作用时，弦做自由振动，取出微小一段弦做受力分析，如图 3－3 所示。由 D’Alembert 原理可得弦的动力平衡方程：

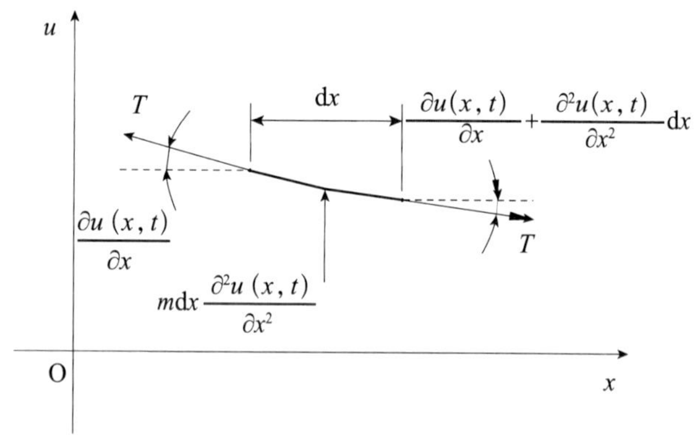

图 3－3　水平张紧弦的横向振动

$$-T\left(\frac{\partial u(x,t)}{\partial x}+\frac{\partial^2 u(x,t)}{\partial x^2}\mathrm{d}x\right)+T\frac{\partial u(x,t)}{\partial x}+m\mathrm{d}x\frac{\partial^2 u(x,t)}{\partial t^2}=0$$

$$\text{或}\quad -T\frac{\partial^2 u(x,t)}{\partial x^2}+m\frac{\partial^2 u(x,t)}{\partial t^2}=0$$

令 $c^2=\dfrac{T}{m}$，上式可改写为

$$\frac{\partial^2 u(x,t)}{\partial t^2}=c^2\frac{\partial^2 u(x,t)}{\partial x^2}$$

上式与采用动量原理推导的方程相同，但是在该方程的推导过程中并没有将公式的适用条件叙述清楚，往往会造成公式滥用、错用。

（3）弦振动方程的求解

采用分离变量法，弦的自由振动方程可分解成：

$$u(x,t)=\phi(x)\cdot\eta(t)$$

式中，$\phi(x)$ 为振型函数。

将上式代入弦振动微分方程，分离变量后可得到 2 个独立的常微分方程：

$$\phi''(x)+\frac{\omega^2}{c^2}\phi(x)=0 \tag{3-5}$$

$$\ddot{\eta}(t)+\omega^2\eta(t)=0$$

振型函数可由式（3-5）解出，得

$$\phi(x)=C\cos\left(\frac{\omega\ x}{c}\right)+D\sin\left(\frac{\omega\ x}{c}\right)$$

由于弦两端是固定不动的，有几何边界条件：

$$\phi(x)\big|_{x=0}=0\ ,\ \phi(x)\big|_{x=l}=0$$

于是有 $C=0$ ，$D\cdot\sin\left(\frac{\omega l}{c}\right)=0$ ，要使 $D\neq0$ ，则必须

$$\sin\frac{\omega l}{c}=0\ ,$$

或 $\frac{\omega l}{c}=n\pi\ ,\ (n=1,2,3,\cdots)$

由此可得弦横向振动的固有频率 ω_n 或振动频率 f_n ：

$$\omega_n=\frac{cn\pi}{l}=\frac{n\pi}{l}\sqrt{\frac{T}{m}}$$

$$\text{或}\quad f_n=\frac{n}{2l}\sqrt{\frac{T}{m}} \tag{3-6}$$

相应的振型为

$$\phi_n(x) = D_n \sin \frac{n\pi x}{l}$$

由式（3-6），可得弦的张力：

$$T = 4ml^2 \left(\frac{f_n}{n}\right)^2$$

式中，$f_n = \frac{\omega_n}{2\pi}$ 为弦各阶振动频率。

3.2.1.2 梁模型

以梁的静平衡位置为坐标原点，由结构动力学理论，均匀等截面梁自由振动的动力方程为

$$EIy'''' + m\ddot{y} = 0 \tag{3-7}$$

式中，m 、q 、I 分别表示梁单位质量、荷载以及截面惯性矩。

这是一个常系数的线性齐次偏微分方程，可用分离变量法求解。令

$$y(x,t) = \phi(x) \cdot \eta(t)$$

代入式（3-7）后，得

$$\frac{EI\phi''''}{m\phi} =- \frac{\ddot{\eta}}{\eta} = \text{const} = \omega^2$$

由此可得到 2 个独立的线性齐次常微分方程：

$$EI\phi'''' - \omega^2 m\phi = 0 \tag{3-8}$$

$$\ddot{\eta} + \omega^2 \eta = 0 \tag{3-9}$$

解式（3-9），得

$$\eta(t) = A\sin(\omega l) + B\cos(\omega l) = a\sin(\omega l + \theta)$$

可见是一个简谐振动，频率为 ω ，它的振幅 a 及相位差 θ 由初始条件确定。

解式（3-8）得振型函数为

$$\phi(x)=C_1\sin(kx)+C_2\cos(kx)+C_3\sinh(kx)+C_4\cosh(kx)$$

式中：$k=\sqrt[4]{\dfrac{\omega^2 m}{EI}}$，4 个积分常数 $C_1\sim C_4$ 则由边界条件确定。

1）梁的边界条件为两端简支时，由 $\phi(0)=\phi''(0)=0$，得

$$C_2=C_4=0$$

由 $\phi(l)=\phi''(l)=0$ 及上式，得

$$C_1\sin(kl)+C_3\sinh(kl)=0$$

$$-C_1\sin(kl)+C_3\sinh(kl)=0$$

解上述联立方程得：$C_3=0$，$2C_1\sin(kl)=0$，要使 $C_1\sim C_4$ 不全为零，即 $C_1\neq 0$，必须 $\sin(kl)=0$，即

$$kl=n\pi\text{，}(n=1,2,3,\cdots)$$

将 k 代入上式，可得满足边界条件的固有频率为

$$\omega_n=\left(\frac{n\pi}{l}\right)^2\sqrt{\frac{EI}{m}}\text{，}f_n=\frac{n^2\pi}{2l^2}\sqrt{\frac{EI}{m}} \tag{3-10}$$

式中，$f_n=\omega_n/2\pi$ 为梁的第 n 阶振动频率。

2）梁的边界条件为两端固定时，由 $\phi(0)=\phi'(0)=0$，得

$$C_1=-C_3\text{，}C_2=-C_4$$

由 $\phi(l)=\phi'(l)=0$ 及上式，得

$$C_3[\sinh(kl)-\sin(kl)]+C_4[\cosh(kl)-\cos(kl)]=0 \tag{3-11}$$

$$C_3[\cosh(kl)-\cos(kl)]+C_4[\sinh(kl)+\sin(kl)]=0 \tag{3-12}$$

当 $kl>0$ 时，$[\cosh(kl)-\cos(kl)]>0$，由式（3-12），得：

$$C_3 = -C_4 \frac{[\sinh(kl) + \sin(kl)]}{[\cosh(kl) - \cos(kl)]} \tag{3-13}$$

将上式代入式（3-11），得

$$C_4\left\{[\cosh(kl) - \cos(kl)] - \frac{[\sinh(kl) + \sin(kl)]}{[\cosh(kl) - \cos(kl)]}[\sinh(kl) - \sin(kl)]\right\} = 0$$

要使 $C_1 \sim C_4$ 不全为零，只有

$$[\cosh(kl) - \cos(kl)] - \frac{[\sinh(kl) + \sin(kl)]}{[\cosh(kl) - \cos(kl)]}[\sinh(kl) - \sin(kl)] = 0$$

化简可得两端固定梁的频率方程为：

$$1 - \cosh(kl)\cos(kl) = 0$$

此时，频率方程为超越方程，通过数值算法可求解得：

$$kl = \alpha_n$$

由上式可得两端固定梁的频率

$$\omega_n = \left(\frac{\alpha_n}{l}\right)^2\sqrt{\frac{EI}{m}}\ ,\ f_n = \frac{{\alpha_n}^2}{2\pi l^2}\sqrt{\frac{EI}{m}}$$

这里，$\alpha_1 = 4.7300$，$\alpha_2 = 7.8532$，$\alpha_3 = 10.9956$。

同时，令 $C_4 = 1$，将 $C_1 \sim C_3$ 代入振型函数，可以得到两端固定梁自由振动的第 n 阶振型为

$$\phi(x) = \left[\cosh\left(\frac{\alpha_n}{l}x\right) - \cos\left(\frac{\alpha_n}{l}x\right)\right] - E_n\left[\sinh\left(\frac{\alpha_n}{l}x\right) - \sin\left(\frac{\alpha_n}{l}x\right)\right]$$

式中，$E_n = \dfrac{\sinh\alpha_n + \sin\alpha_n}{\cosh\alpha_n - \cos\alpha_n}$。

3.2.2 考虑多种影响因素的吊杆动力模型

在工程实际中，对于张拉力较大的长吊杆振动，其弯曲刚度 EI 的影响可以忽略不计，即可视为柔性吊杆，数学计算公式较简

单。但是，对于张拉力不大或长度较短的吊杆，因为 EI 的影响比较突出，必须计入其对振动特性的影响，即可视为有刚性的吊杆。

3.2.2.1 基本方程

当计入吊杆弯曲刚度的影响时，结合弦模型和两端简支梁模型，应用结构动力学原理，可建立其无阻尼自由振动方程：

$$EI\frac{\partial^4 u(x,t)}{\partial x^4}-T\frac{\partial^2 u(x,t)}{\partial x^2}+m\frac{\partial^2 u(x,t)}{\partial t^2}=0 \tag{3-14}$$

式中，$u(x,t)$ 为吊杆上各点在时刻 t 的横向位移；EI 为吊杆的弯曲刚度；T 为吊杆张拉力；m 为吊杆单位长度的质量。

由于吊杆的自由振动方程为线性齐次偏微分方程，且振动为简谐形式，可设其解为

$$u(x,t)=\phi(x)\eta(t)$$

将上式代入式（3-14），并引入参数 ω^2，则方程可转化为

$$EI\frac{\mathrm{d}^4\phi(x)}{\mathrm{d}x^4}-T\frac{\mathrm{d}^2\phi(x)}{\mathrm{d}x^2}-\omega^2 m\phi(x)=0 \tag{3-15}$$

$$\ddot{\eta}(t)+\omega^2\eta(t)=0$$

式中，ω 为引入的参数，其含义是吊杆的自振圆频率。

方程（3-15）的通解为：

$$\phi(x)=C_1\sin(\alpha x)+C_2\cos(\alpha x)+C_3\sinh(\beta x)+C_4\cosh(\beta x) \tag{3-16}$$

式中，$\alpha^2=\sqrt{\zeta^4+\gamma^4}-\zeta^2$，$\beta^2=\sqrt{\zeta^4+\gamma^4}+\zeta^2$，$\zeta^2=\frac{T}{2EI}$，$\gamma^4=\frac{m\omega^2}{EI}$；$C_1\sim C_4$ 是根据边界条件确定的待定系数。

式（3-16）就是考虑弯曲刚度影响的吊杆振型函数，根据吊杆

两端不同的边界条件即可确定相应的频率方程，从而得到其固有频率与张拉力之间的关系式。

3.2.2.2 一般边界下吊杆的频率方程

当吊杆的边界为图 3-4 所示的一般情况时（两端弹性支承），则边界条件为

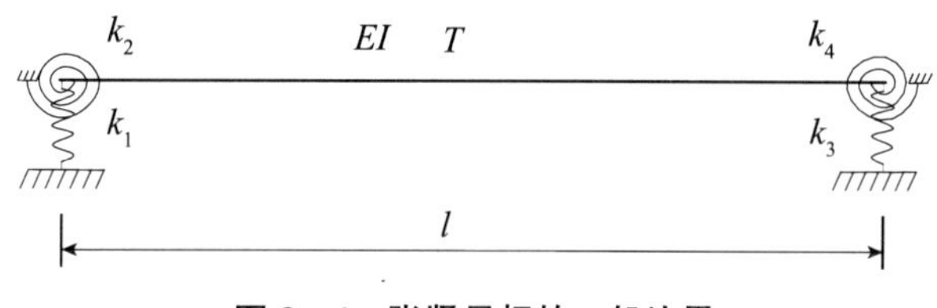

图 3-4 张紧吊杆的一般边界

$$\left.\begin{aligned} &EI\,\phi'''(x)\big|_{x=0} = -k_1\,\phi(x)\big|_{x=0}\,; \quad EI\,\phi''(x)\big|_{x=0} = k_2\,\phi'(x)\big|_{x=0} \\ &EI\,\phi'''(x)\big|_{x=l} = k_3\,\phi(x)\big|_{x=l}\,; \quad EI\,\phi''(x)\big|_{x=l} = -k_4\,\phi'(x)\big|_{x=l} \end{aligned}\right\} \tag{3-17}$$

式中：k_1 、k_3 为吊杆两端的竖向支承刚度；k_2 、k_4 为吊杆两端的转动约束刚度。

当考虑与吊杆两端相连的拱肋、系杆梁对吊杆的弹性约束时，即为此情形。将式（3-16）代入式（3-17），根据 $C_1 \sim C_4$ 具有非零解的充要条件即可获得频率方程。

3.2.2.3 几种特殊边界条件下索的频率方程

（1）两端简支

此时 $k_1 = k_3 = \infty$, $k_2 = k_4 = 0$ ，由式（3-17）可得

$$\phi(x)\big|_{x=0} = 0\,,\ \phi''(x)\big|_{x=0} = 0 \tag{3-18}$$

$$\phi(x)\big|_{x=l} = 0\,,\ \phi''(x)\big|_{x=l} = 0 \tag{3-19}$$

将式（3-16）代入式（3-18）得

$$C_2 = C_4 = 0$$

所以，式（3-16）可简化为

$$\phi(x) = C_1 \sin(\alpha x) + C_3 \sinh(\beta x)$$

将上式代入式（3-19），得

$$C_1 \sin(\alpha l) + C_3 \sinh(\beta l) = 0 \tag{3-20}$$

$$-C_1 \alpha^2 \sin(\alpha l) + C_3 \beta^2 \sinh(\beta l) = 0 \tag{3-21}$$

解联立方程式（3-20）和式（3-21）得

$$C_3 = 0$$

$$C_1(\alpha^2 + \beta^2)\sin(\alpha l) = 0$$

因 $C_1 \sim C_4$ 要具有非零解，所以必须使 $C_1 \neq 0$ ，只有 $\sin(\alpha l) = 0$ ，即

$$\alpha l = n\pi \quad (n = 1,2,3,\cdots)$$

结合式（3-16）中各系数，则有频率方程：

$$\omega^2 = \left(\frac{n\pi}{l}\right)^2 \frac{T}{m} + \left(\frac{n\pi}{l}\right)^4 \frac{EI}{m}$$

由频率方程可得吊杆的张力计算公式为

$$T = 4ml^2 \left(\frac{f_n}{n}\right)^2 - EI \left(\frac{n\pi}{l}\right)^2$$

式中，f_n 是索自由振动时的第 n 阶振动频率，且 $f_n = \frac{\omega_n}{2\pi}$ 。

当取索第 1 阶固有振动频率时，有

$$T = 4m(f_1 l)^2 \left[1 - \frac{\pi^2}{4}\left(\frac{c}{f_1}\right)^2\right] \tag{3-22}$$

式中，$c = \sqrt{\frac{EI}{ml^4}}$ ；f_1 是吊杆的第 1 阶振动频率（Hz）。

式（3-22）就是目前较流行的振动法测定吊杆张力的计算公式。

（2）两端固定

此时 $k_1 = k_3 = \infty, k_2 = k_4 = \infty$，由式（3-17）可得

$$\phi(x)\big|_{x=0} = 0 \text{ , } \phi'(x)\big|_{x=0} = 0 \tag{3-23}$$

$$\phi(x)\big|_{x=l} = 0 \text{ , } \phi'(x)\big|_{x=l} = 0 \tag{3-24}$$

将式（3-16）代入式（3-23）得

$$\left.\begin{aligned} C_2 &= -C_4 \\ C_1 &= -\frac{\beta}{\alpha}C_3 \end{aligned}\right\} \tag{3-25}$$

将式（3-16）代入式（3-24）得

$$\left.\begin{aligned} C_1\sin(\alpha l) + C_2\cos(\alpha l) + C_3\sinh(\beta l) + C_4\cosh(\beta l) = 0 \\ C_1\alpha\cos(\alpha l) - C_2\alpha\sin(\alpha l) + C_3\beta\cosh(\beta l) + C_4\beta\sinh(\beta l) = 0 \end{aligned}\right\} \tag{3-26}$$

将式（3-25）代入式（3-26）得

$$C_3[\alpha\sinh(\beta l) - \beta\sin(\alpha l)] + C_4\alpha[\cosh(\beta l) - \cos(\alpha l)] = 0 \tag{3-27}$$

$$C_3\beta[\cosh(\beta l) - \cos(\alpha l)] + C_4[\beta\sinh(\beta l) + \alpha\sin(\alpha l)] = 0 \tag{3-28}$$

当 $\beta > 0$、$\alpha l > 0$ 和 $\beta l > 0$ 时，$\beta[\cosh(\beta l) - \cos(\alpha l)] > 0$，由式（3-28）解得

$$C_3 = -\frac{[\beta\sinh(\beta l) + \alpha\sin(\alpha l)]}{\beta[\cosh(\beta l) - \cos(\alpha l)]}C_4$$

将上式代入式（3-27）得

$$C_4\left\{\alpha[\cosh(\beta l) - \cos(\alpha l)] - \frac{[\beta\sinh(\beta l) + \alpha\sin(\alpha l)]}{\beta[\cosh(\beta l) - \cos(\alpha l)]}[\alpha\sinh(\beta l) - \beta\sin(\alpha l)]\right\} = 0$$

所以，要使 $C_1 \sim C_4$ 具有非零解，必须使 $C_4 \neq 0$，只有

$$\alpha[\cosh(\beta l)-\cos(\alpha l)]-\frac{[\beta\sinh(\beta l)+\alpha\sin(\alpha l)]}{\beta[\cosh(\beta l)-\cos(\alpha l)]}[\alpha\sinh(\beta l)-\beta\sin(\alpha l)]=0$$

将上式化简即为频率方程：

$$2(\alpha l)(\beta l)[1-\cos(\alpha l)\cosh(\beta l)]+[(\beta l)^2-(\alpha l)^2]\sin(\alpha l)\sinh(\beta l)=0 \tag{3-29}$$

式中，

$$\alpha l = l\sqrt{\sqrt{\zeta^4+\gamma^4}-\zeta^2} \tag{3-30a}$$

$$\beta l = l\sqrt{\sqrt{\zeta^4+\gamma^4}+\zeta^2} \tag{3-30b}$$

其中，$\zeta^2=\dfrac{T}{2EI}$，$\gamma^4=\dfrac{m\omega^2}{EI}$。

此时，频率方程是一个超越方程，不能直接给出固有频率的显式表达式。

3.2.3 吊杆张力估算的能量法

根据刚性吊杆的力学特点，采用两端固定梁自由振动的第 1 阶振型函数来构造刚性吊杆的振型函数，从而由 Ritz 法原理可导出吊杆张力 T 与固有频率近似值之间的关系式。

(1) 固有振动的 Ritz 法原理

对于无阻尼自由振动，均匀等截面吊杆的横向弹性位移由下式给出：

$$v(x,t)=\phi(x)\sin(\omega t+\theta)$$

吊杆的振动总动能为

$$T^*=\frac{1}{2}\int_0^l m\dot{v}^2\mathrm{d}x=\frac{1}{2}\omega^2\int_0^l m\phi^2(x)\cos^2(\omega l+\theta)\mathrm{d}x$$

$$= \frac{1}{2}\omega^2 m\cos^2(\omega l + \theta)\int_0^l \phi^2(x)\mathrm{d}x$$

总位能为

$$V^* = \frac{1}{2}\int_0^l EIv''^2\mathrm{d}x + \frac{1}{2}\int_0^l T_0 v'^2\mathrm{d}x$$

$$= \left[\frac{1}{2}EI\int_0^l \phi''^2(x)\mathrm{d}x + \frac{1}{2}T_0\int_0^l \phi'^2(x)\mathrm{d}x\right]\sin^2(\omega l + \theta)$$

根据能量守恒原理，有

$$T^* - V^* = \text{const} = T^*_{\max} = V^*_{\max}$$

于是有固有振动频率：

$$\omega^2 = \frac{EI\int_0^l \phi''^2(x)\mathrm{d}x + T\int_0^l \phi'^2(x)\mathrm{d}x}{m\int_0^l \phi^2(x)\mathrm{d}x} \tag{3-31}$$

（2）两端固定刚性吊杆固有频率的近似解

将两端固定梁的自由振动的第1阶振型函数代入式（3-31），整理后有

$$\omega_1{}^2 = 12.301\,8\frac{T}{ml^2} + 500.529\,4\frac{EI}{ml^4} \tag{3-32}$$

显然，式（3-32）中固有频率 ω 与吊杆张力 T 呈显式关系，可方便地写出吊杆张力与刚性吊杆实测频率值之间的关系式，当采用第1阶振动频率实测值时，有

$$T = 4m(f_1 l)^2\left[0.802\,3 - 10.171\,9\left(\frac{c}{f_1}\right)^2\right] \tag{3-33}$$

式中，$c = \sqrt{\frac{EI}{ml^4}}$。

3.3 吊杆张力测定实用计算公式

当吊杆弯曲刚度 EI 的影响很小可以忽略不计时，基于弦理论的吊杆张力计算公式简单实用，在工程中已经得到了广泛的应用。考虑吊杆弯曲刚度的影响而不考虑其固定边界条件的影响，即认为吊杆两端为铰结的情况，计算模型是弦和两端简支梁的组合，其张力计算公式也比较简单，在吊杆的长度不太短时，使用该公式可以提高吊杆张力测定的精度，多数工程已开始使用。但是，对于中、下承式拱桥中的短吊杆，采用只考虑其弯曲刚度影响的张力计算公式，计算精度不能满足使用要求，这时必须同时考虑吊杆弯曲刚度和边界条件的影响。

3.3.1 计算模型

当考虑吊杆弯曲刚度和两端有弹性支撑，并考虑到拱肋、系杆梁里的减振垫减振作用效应，同时考虑拱肋及系杆梁附加质量的影响时，吊杆张力计算模型如图 3－5 所示。

图 3－5 中，拱肋与系杆梁的等效质量分别为 M_g ,M_X ；拱肋与系杆对吊杆轴向等效刚度分别为 K_g ,K_X ；拱肋与系杆中减振垫对吊杆轴向等效刚度分别为 K_1 ,K_2 ；拱肋与系杆对吊杆转动等效刚度为 K_3 ,K_4 ；吊杆长度为 L_0 。

由于减振垫位于拱肋或系杆梁内，与拱肋或系杆梁端部距离较近，相对于吊杆长度，可以认为减振垫位于拱肋或系杆梁的端部，此时吊杆等效长度为 L 。

以吊杆静力平衡位置为坐标原点建立坐标系，假定轴向力 T 以

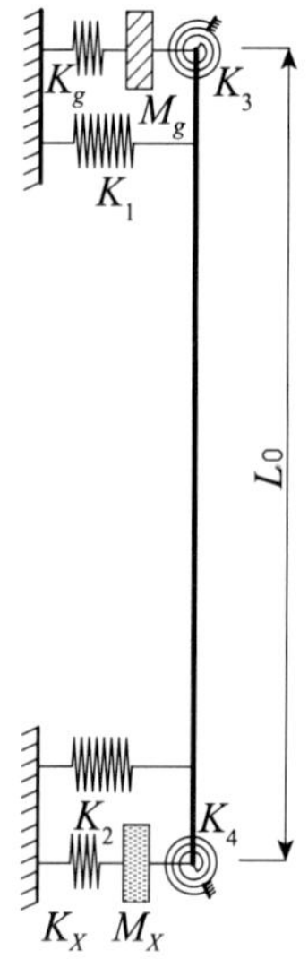

图 3-5　吊杆张力计算模型图

受拉为正，且沿杆长大小和方向都不变，也不随时间变化。由结构动力学理论，Euler-Benoulli 梁振动方程为

$$m(x)\frac{\partial^2 u(x,t)}{\partial t^2}-T\frac{\partial^2 u(x,t)}{\partial x^2}+EI\frac{\partial^4 u(x,t)}{\partial x^4}=0 \tag{3-34}$$

令

$$a^4=\frac{\omega^2 m}{EI},g^2=\frac{T}{EI},\delta=\sqrt{\sqrt{a^4+\frac{g^4}{4}}-\frac{g^2}{2}},\varepsilon=\sqrt{\sqrt{a^4+\frac{g^4}{4}}+\frac{g^2}{2}} \tag{3-35}$$

振型函数为

$$\phi(x)=D_1\cos(\delta x)+D_2\sin(\delta x)+D_3\cosh(\varepsilon x)+D_4\sinh(\varepsilon x) \tag{3-36}$$

根据图 3-5 可得吊杆上端与下端隔离体受力简图，分别如图

3－6和图 3－7 所示。

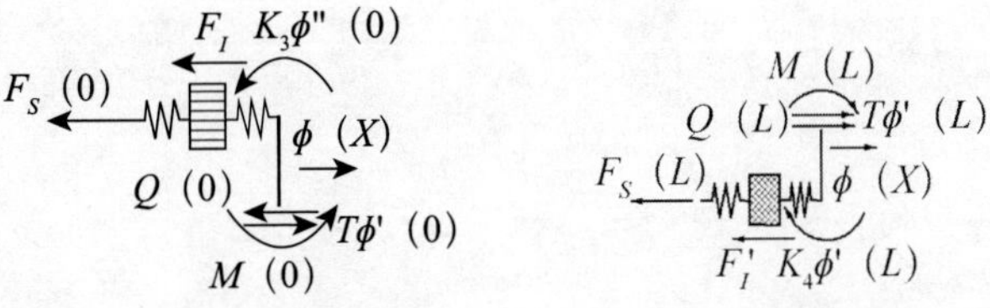

图 3－6　吊杆上端受力图　　　　**图 3－7　吊杆下端受力图**

根据作用在吊杆端部上的力和力矩的平衡条件，由图 3－6 和图 3－7 可推导出吊杆上端与下端应满足的边界条件为

$$M(0)+K_3\phi'(0)=0 \tag{3-37}$$

$$Q(0)+F_S(0)+F_I-T\phi'(0)=0 \tag{3-38}$$

$$M(L)+K_4\phi'(L)=0 \tag{3-39}$$

$$Q(L)-F_S(L)-F'_I+T\phi'(L)=0 \tag{3-40}$$

式中，$M(0)=EI\phi''(0)$；$Q(0)=EI\phi'''(0)$；$F_S(0)=K'_g\phi(0)$；在自由振动情况下，$v(x,t)=-\omega^2 v(x,t)$，$F_I=-M_g\omega^2\phi(0)$；$M(L)=EI\phi''(L)$；$Q(L)=EI\phi'''(L)$；$F_S(L)=K'_X\phi(L)$；$F'_I=-M_X\omega^2\phi(L)$。为书写方便，令等效刚度 $K'_g=K_g+K_1$，$K'_X=K_X+K_2$。

分别代入式（3-37）～式（3-40），可得

$$EI\phi''(0)+K_3\phi'(0)=0 \tag{3-41}$$

$$EI\phi'''(0)+K'_g\phi(0)-M_g\omega^2\phi(0)-T\phi'(0)=0 \tag{3-42}$$

$$EI\phi''(L)+K_4\phi'(L)=0 \tag{3-43}$$

$$EI\phi'''(L)-K'_X\phi(L)+M_X\omega^2\phi(L)+T\phi'(L)=0 \tag{3-44}$$

由式（3-36）有

$$\phi'(x) = -D_1\delta\sin(\delta x) + D_2\delta\cos(\delta x) + D_3\varepsilon\sinh(\varepsilon x) + D_4\varepsilon\cosh(\varepsilon x) \tag{3-45}$$

$$\phi''(x) = -D_1\delta^2\cos(\delta x) - D_2\delta^2\sin(\delta x) + D_3\varepsilon^2\cosh(\varepsilon x) + D_4\varepsilon^2\sinh(\varepsilon x) \tag{3-46}$$

$$\phi'''(x) = D_1\delta^3\sin(\delta x) - D_2\delta^3\cos(\delta x) + D_3\varepsilon^3\sinh(\varepsilon x) + D_4\varepsilon^3\cosh(\varepsilon x) \tag{3-47}$$

分别将 $x=0$ 及 $x=L$ 代入式（3-36）及式（3-45）～式（3-47），可得

$$\phi(0) = D_1 + D_3 \tag{3-48}$$

$$\phi(L) = D_1\cos(\delta L) + D_2\sin(\delta L) + D_3\cosh(\varepsilon L) + D_4\sinh(\varepsilon L) \tag{3-49}$$

$$\phi'(0) = D_2\delta + D_4\varepsilon \tag{3-50}$$

$$\phi'(L) = -D_1\delta\sin(\delta L) + D_2\delta\cos(\delta L) + D_3\varepsilon\sinh(\varepsilon L) + D_4\varepsilon\cosh(\varepsilon L) \tag{3-51}$$

$$\phi''(0) = -D_1\delta^2 + D_3\varepsilon^2 \tag{3-52}$$

$$\phi''(L) = -D_1\delta^2\cos(\delta L) - D_2\delta^2\sin(\delta L) + D_3\varepsilon^2\cosh(\varepsilon L) + D_4\varepsilon^2\sinh(\varepsilon L) \tag{3-53}$$

$$\phi'''(0) = -D_2\delta^3 + D_4\varepsilon^3 \tag{3-54}$$

$$\phi'''(L) = D_1\delta^3\sin(\delta L) - D_2\delta^3\cos(\delta L) + D_3\varepsilon^3\sinh(\varepsilon L) + D_4\varepsilon^3\cosh(\varepsilon L) \tag{3-55}$$

将式（3-48）～式（3-55）代入及式（3-37）～式（3-40），合并同类项，可得

$$-EI\delta^2 D_1 + K_3\delta D_2 + EI\varepsilon^2 D_3 + K_3\varepsilon D_4 = 0 \tag{3-56}$$

$$(\omega^2 M_g - K'_g)D_1 + (T\delta + EI\delta^3)D_2 + (\omega^2 M_g - K'_g)D_3 + (T\varepsilon - EI\varepsilon^3)D_4 = 0 \tag{3-57}$$

$$[-EI\delta^2\cos(\delta L)-K_4\delta\sin(\delta L)]D_1+[-EI\delta^2\sin(\delta L)+K_4\delta\cos(\delta L)]D_2+[EI\varepsilon^2\cosh(\varepsilon L)+K_4\varepsilon\sinh(\varepsilon L)]D_3+[EI\varepsilon^2\sinh(\varepsilon L)+K_4\varepsilon\cosh(\varepsilon L)]D_4=0 \tag{3-58}$$

$$\begin{aligned}&[EI\delta^3\sin(\delta L)-(K'_X-\omega^2M_X)\cos(\delta L)-T\delta\sin(\delta L)]D_1\\&+[-EI\delta^3\cos(\delta L)-(K'_X-\omega^2M_X)\sin(\delta L)+T\delta\cos(\delta L)]D_2\\&+[EI\varepsilon^3\sinh(\varepsilon L)-(K'_X-\omega^2M_X)\cosh(\varepsilon L)+T\varepsilon\sinh(\varepsilon L)]D_3\\&+[EI\varepsilon^3\cosh(\varepsilon L)-(K'_X-\omega^2M_X)\sinh(\varepsilon L)+T\varepsilon\cosh(\varepsilon L)]D_4=0\end{aligned} \tag{3-59}$$

将式（3-56）～式（3-59）中构成以 D_1,D_2,D_3,D_4 为基本未知量的方程组，要使方程有非零解，则其 D_1,D_2,D_3,D_4 系数所构成的行列式值应为 0：

$$\begin{Vmatrix}-EI\delta^2 & K_3\delta & EI\varepsilon^2 & K_3\varepsilon\\ \omega^2M_g-K'_g & T\delta+EI\delta^3 & \omega^2M_g-K'_g & T\varepsilon-EI\varepsilon^3\\ -EI\delta^2\cos(\delta L)-K_4\delta\sin(\delta L) & -EI\delta^2\sin(\delta L)+K_4\delta\cos(\delta L) & EI\varepsilon^2\cosh(\varepsilon L)+K_4\varepsilon\sinh(\varepsilon L) & EI\varepsilon^2\sinh(\varepsilon L)+K_4\varepsilon\cosh(\varepsilon L)\\ \begin{matrix}EI\delta^3\sin(\delta L)-(K'_X-\omega^2M_X)\\ \cos(\delta L)-T\delta\sin(\delta L)\end{matrix} & \begin{matrix}-EI\delta^3\cos(\delta L)-(K'_X-\omega^2M_X)\\ \sin(\delta L)+T\delta\cos(\delta L)\end{matrix} & \begin{matrix}EI\varepsilon^3\sinh(\varepsilon L)-(K'_X-\omega^2M_X)\\ \cosh(\varepsilon L)+T\varepsilon\sinh(\varepsilon L)\end{matrix} & \begin{matrix}EI\varepsilon^3\cosh(\varepsilon L)-(K'_X-\omega^2M_X)\\ \sinh(\varepsilon L)+T\varepsilon\cosh(\varepsilon L)\end{matrix}\end{Vmatrix}=0 \tag{3-60}$$

由式（3-60）即可得到一般条件下吊杆张力 T 与振动频率 ω 之间的解析表达式。将式（3-60）完全展开，至少有 1572864 项，计算式太过烦琐，不利于工程应用。为简化该计算式，首先确定常数项，再对边界条件进行简化。

3.3.2 K'_g，K'_X，M_g，M_X，L 的确定

中、下承式拱桥一般具有多根吊杆，各根吊杆对应的物理常数

并不完全一致。计算某根吊杆对应的 K'_g 时，可在该吊杆与拱肋连接处沿拱肋横向作用一个单位力 F_g ，拱肋产生的横向位移为 Δ_g ，则 $K_g = \dfrac{F_g}{\Delta_g}$ ，此时 K_g 为了考虑拱肋、吊杆等因素贡献的等效刚度；对于减振垫，可以通过实验确定拱肋中减振垫对吊杆横向支承的刚度 K_1 。确定 K_g 和 K_1 后，K'_g 也即可确定。计算某根吊杆对应的 M_g 时，可测试拱肋横向第 1 阶振动频率 f_g ，根据振动频率公式 $f_g = \dfrac{1}{2\pi}\sqrt{\dfrac{K'_g}{M_g}}$ ，可得该吊杆对应的拱肋等效质量 $M_g = \dfrac{K'_g}{4\pi^2 {f_g}^2}$ 。同理可得到 K'_X, M_X 。

吊杆长度 L_0 为拱肋上吊杆锚固端和系杆锚固端之间的距离，而吊杆等效长度 L 可采用拱肋横截面中心至系杆横截面中心之间的距离，其长度修正公式为

$$\Delta l = \frac{P_{模型} L_{模型}}{E_{模型} A_{模型}} = \frac{P_{实际} L_{实际}}{E_{实际} A_{实际}} \tag{3-61}$$

3.3.3 边界条件的简化

实际工程中吊杆的边界条件一般为几种简单边界条件的组合，因此先研究吊杆张力确定的几种基本情况：

1）不考虑附加质量，$M_g, M_X = 0$ ，且不考虑弹性支撑

此时计算模型可简化为图 3－8 形式。

① 两端简支：$K'_g, K'_X \to \infty$, $K_3, K_4 = 0$

此时：

$$\phi(0) = 0, \phi''(0) = 0 \tag{3-62}$$

$$\phi(L) = 0, \phi''(L) = 0 \tag{3-63}$$

将式（3-48）、式（3-52）分别代入式（3-62），可得：

$$D_1 = D_3 = 0 \tag{3-64}$$

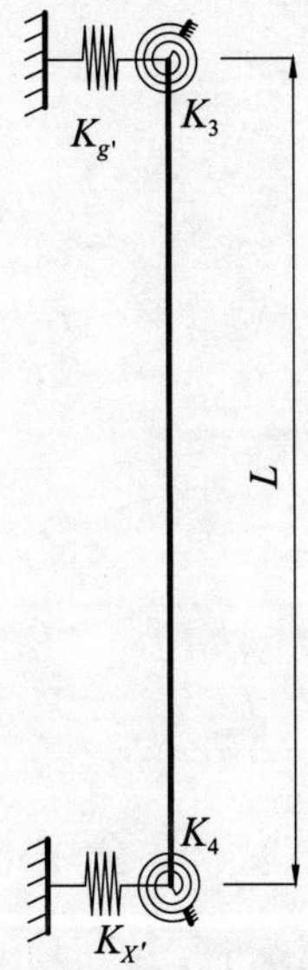

图 3-8 吊杆简化计算模型图 (1)

将式（3-49)、式（3-53）、式（3-64）分别代入式（3-63)，可得：

$$D_2\sin(\delta L)+D_4\sinh(\varepsilon L)=0 \tag{3-65}$$

$$-D_2\delta\sin(\delta L)+D_4\varepsilon^2\sinh(\varepsilon L)=0 \tag{3-66}$$

可解得

$$D_4=0 \tag{3-67}$$

$$D_2\sin(\delta L)=0 \tag{3-68}$$

显然，$D_2\neq 0$，故

$$\sin(\delta L)=0$$

所以

$$\delta L=n\pi$$

即

$$\delta = \frac{n\pi}{L}\ (n = 1,2,3,\cdots) \tag{3-69}$$

由式（3-35）：$a^4 = \frac{\omega^2 m}{EI}$，$g^2 = \frac{T}{EI}$，$\delta = \sqrt{\sqrt{a^4 + \frac{g^4}{4}} - \frac{g^2}{2}}$，故

$$\omega_n{}^2 = \left(\frac{n\pi}{L}\right)^2 \cdot \frac{T}{m} + \frac{EI}{m} \cdot \left(\frac{n\pi}{L}\right)^4 \tag{3-70}$$

记吊杆振动第 n 阶频率为 f_n，且 $f_n = \frac{\omega_n}{2\pi}$，代入上式，则

$$T = 4m\left(\frac{f_n}{n}\right)^2 \cdot L^2 - EI \cdot \left(\frac{n\pi}{L}\right)^2 \tag{3-71}$$

上式即为考虑吊杆抗弯刚度而不考虑其附加质量和弹性支承时，吊杆张力与横向振动频率关系式。上式中未出现附加质量 M_g, M_X，也可以理解为不考虑弹性支承时，$K'_g, K'_X \to \infty$，附加质量 M_g, M_X 相当于固定在固定支座上，吊杆系统自振时，附加质量 M_g, M_X 对其没有影响。

② 两端固定：$K'_g, K'_X \to \infty$，$K_3, K_4 \to \infty$

此时：

$$\phi(0) = 0, \phi'(0) = 0 \tag{3-72}$$

$$\phi(L) = 0, \phi'(L) = 0 \tag{3-73}$$

将式（3-48）～式（3-51）分别代入式（3-72），可得

$$D_1 + D_3 = 0 \tag{3-74}$$

$$D_2\delta + D_4\varepsilon = 0 \tag{3-75}$$

将式（3-48）～式（3-51）分别代入式（3-73），可得

$$D_1\cos(\delta L) + D_2\sin(\delta L) + D_3\cosh(\varepsilon L) + D_4\sinh(\varepsilon L) = 0 \tag{3-76}$$

$$-D_1\delta\sin(\delta L)+D_2\delta\cos(\delta L)+D_3\varepsilon\sinh(\varepsilon L)+D_4\varepsilon\cosh(\varepsilon L)=0 \tag{3-77}$$

由式（3-74）可得

$$D_1=-D_3 \tag{3-78}$$

由式（3-75）可得

$$D_2=-\frac{\varepsilon}{\delta}D_4 \tag{3-79}$$

将式（3-78）、式（3-79）分别代入式（3-77），可得

$$D_3\left[\delta\sin(\delta L)+\varepsilon\sinh(\varepsilon L)\right]+D_4\left[-\varepsilon\cos(\delta L)+\varepsilon\cosh(\varepsilon L)\right]=0$$

$$D_3=-\frac{D_4\left[-\varepsilon\cos(\delta L)+\varepsilon\cosh(\varepsilon L)\right]}{\left[\delta\sin(\delta L)+\varepsilon\sinh(\varepsilon L)\right]} \tag{3-80}$$

将式（3-78）～式（3-80）分别代入式（3-76），可得

$$D_3\left[-\cos(\delta L)+\cosh(\varepsilon L)\right]+D_4\left[-\frac{\varepsilon}{\delta}\sin(\delta L)+\sinh(\varepsilon L)\right]=0$$

$$-\frac{D_4\left[-\varepsilon\cos(\delta L)+\varepsilon\cosh(\varepsilon L)\right]}{\left[\delta\sin(\delta L)+\varepsilon\sinh(\varepsilon L)\right]}\left[-\cos(\delta L)+\cosh(\varepsilon L)\right]$$

$$+D_4\left[-\frac{\varepsilon}{\delta}\sin(\delta L)+\sinh(\varepsilon L)\right]=0 \tag{3-81}$$

显然 $D_4\neq 0$，故上式可变为

$$-\frac{\left[-\varepsilon\cos(\delta L)+\varepsilon\cosh(\varepsilon L)\right]}{\left[\delta\sin(\delta L)+\varepsilon\sinh(\varepsilon L)\right]}\left[-\cos(\delta L)+\cosh(\varepsilon L)\right]+$$

$$\left[-\frac{\varepsilon}{\delta}\sin(\delta L)+\sinh(\varepsilon L)\right]=0$$

$$-\frac{\varepsilon\delta\left[\cosh(\varepsilon L)-\cos(\delta L)\right]^2}{\left[\delta\sin(\delta L)+\varepsilon\sinh(\varepsilon L)\right]}+\left[\delta\sinh(\varepsilon L)-\varepsilon\sin(\delta L)+\right]=0$$

$$\varepsilon\delta\left[\cosh(\varepsilon L)-\cos(\delta L)\right]^2-\left[\delta\sinh(\varepsilon L)-\varepsilon\sin(\delta L)\right]$$

$$\left[\delta\sin(\delta L)+\varepsilon\sinh(\varepsilon L)\right]=0$$

上式展开后整理，有

$$\varepsilon\delta[\cosh^2(\varepsilon L)-\sinh^2(\varepsilon L)]+\varepsilon\delta[\cos^2(\delta L)+\sin^2(\delta L)]-2\varepsilon\delta\cosh(\varepsilon L)\cos(\delta L)$$
$$-\delta^2\sinh(\varepsilon L)\sin(\delta L)+\varepsilon^2\sin(\delta L)\sinh(\varepsilon L)=0$$
$$2\varepsilon\delta-2\varepsilon\delta\cosh(\varepsilon L)\cos(\delta L)-\delta^2\sinh(\varepsilon L)\sin(\delta L)+\varepsilon^2\sin(\delta L)\sinh(\varepsilon L)=0$$
$$2\varepsilon\delta[1-\cosh(\varepsilon L)\cos(\delta L)]+(\varepsilon^2-\delta^2)\sinh(\varepsilon L)\sin(\delta L)=0 \tag{3-82}$$

由于 $a^4=\dfrac{\omega^2 m}{EI}$，$g^2=\dfrac{T}{EI}$，$\delta=\sqrt{\sqrt{a^4+\dfrac{g^4}{4}}-\dfrac{g^2}{2}}$，$\varepsilon=\sqrt{\sqrt{a^4+\dfrac{g^4}{4}}+\dfrac{g^2}{2}}$ 代入上式，得

$$2a^2[1-\cosh(\varepsilon L)\cos(\delta L)]+g^2\sin(\delta L)\sinh(\varepsilon L)=0$$
$$2\omega\sqrt{\frac{m}{EI}}[1-\cosh(\varepsilon L)\cos(\delta L)]+\frac{T}{EI}\sin(\delta L)\sinh(\varepsilon L)=0 \tag{3-83}$$

可以看出，式（3-83）是一个关于吊杆张力 T 与吊杆横向振动频率 ω 、吊杆质量密度 m 和吊杆抗弯刚度 EI 有关的超越方程，对于具体吊杆，当其质量密度 m 和抗弯刚度 EI 一定时，由于在式(3-83)中存在三角函数和双曲函数，由该方程不能推出吊杆横向振动频率与吊杆张力之间的显式关系式，且由于 ω，T 定义域区间过大，不便于求解，为便于求解，下面对其进行无量化处理。

首先定义参数 ξ，令

$$\xi=L\sqrt{\frac{T}{EI}} \tag{3-84}$$

该参数最早为 IRVINE 提出。下面依据吊杆刚度情况和参数 ξ 的变化范围分别求解。

a. 当吊杆刚度较小时，吊杆作近似于张紧弦振动，此时 ξ 较大。定义参数 β_n

$$\beta_n = \frac{f_n}{f_n^s} \tag{3-85}$$

式中，$f_n = \dfrac{\omega_n}{2\pi}$，为两端固定吊杆第 n 阶振动频率；$f_n^s = \dfrac{n}{2L}\sqrt{\dfrac{T}{m}}$，为理想张紧弦第 n 阶振动频率理论值。

将式（3-84）、式（3-85）代入式（3-35）中 δ，ε 表达式有

$$\delta = \frac{\xi}{\sqrt{2}L}\sqrt{\sqrt{1+\left(\frac{2n\pi\beta_n}{\xi}\right)^2}-1}$$

$$\varepsilon = \frac{\xi}{\sqrt{2}L}\sqrt{\sqrt{1+\left(\frac{2n\pi\beta_n}{\xi}\right)^2}+1} \tag{3-86}$$

将上式代入式（3-82）或式（3-83），方程可以变为

$$2n\pi\beta_n[1-\cosh(\varepsilon L)\cos(\delta L)]+\xi\sinh(\varepsilon L)\sin(\delta L)=0 \tag{3-87}$$

上式仅为 ξ,β_n 的函数，虽然仍为超越方程，但是由于 β_n 定义域相对与 ω，T 定义域减小了很多，对于给定的 ξ，可以方便地采用迭代法计算对应的 β_n 值。

采用 Newton-Raphson 法进行求解，该方法可利用 Raphson 法保证迭代过程中单调下降，利用 Newton 法提高收敛速度。下面给出简要计算过程：

① 给定 ξ 和 n 值；由于测试中一般仅能测试吊杆振动的前几阶的低阶频率，因此 n 一般取值 1～5 之间。

② 给定 $\beta_n(0)$ 初值，如 $\beta_1(0)=1$。令

$$\beta_n(i+1)=\beta_n(i)-\lambda\frac{f(\beta_n(i))}{f'(\beta_n(i))} \tag{3-88}$$

式中，λ 为 Raphson 因子，$0<\lambda\leqslant 1$，可通过依次减半试算确定。

当计算中 $\beta_n(i+1)=\beta_n(i)$ 时可认为原方程的一组解为：（ξ，$\beta_n(i)$）。

由于方程中包含三角函数和双曲线函数，确定 $\beta_n(0)$ 初值时，该值应尽量接近真实解。为确定真实解的大致范围，可以令

$$F(\beta_n)=2n\pi\beta_n[1-\cosh(\varepsilon L)\cos(\delta L)]+\xi\sinh(\varepsilon L)\sin(\delta L) \tag{3-89}$$

对于任意给定的 ξ 和 n 值，作出函数 $F(\beta_n)$ 关于 β_n 函数变化的曲线，即可确定真实解的大致范围。如当 $n=2$，$\xi=30$ 时 $F(\beta_2)$ 在区间 $0\leqslant\beta_2\leqslant 2$ 的曲线如图 3－9 所示。

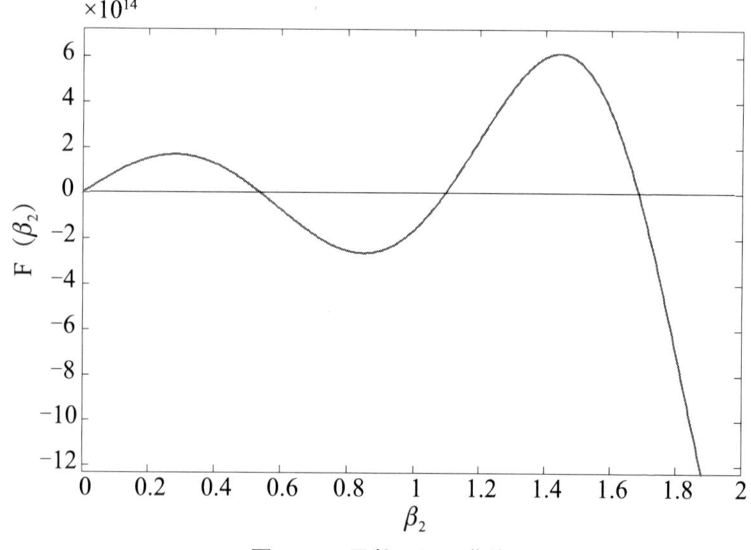

图 3－9　函数 $F(\beta_2)$ 曲线

由图 3－9 可以看出，函数 $F(\beta_2)$ 与 $F=0$ 在区间 $0\leqslant\beta_2\leqslant 2$ 有 3 个交点（不计原点处），由于是计算第 2 阶频率，故采用第 2 个交点出处对应的 β_2 值 1.1 作为初值，即 $\beta_2(0)=1.1$，按式（3-88）

求解可得真实解为 1.094 9。当计算第 n 阶频率时，对应的取函数 $F(\beta_2)$ 曲线与 $F=0$ 的第 n 个交点处对应横坐标值作为 $\beta_n(0)$ 初值。

例如：当 $\xi=100$，$n=1$ 时 $\beta_1=1.0209$。根据不同 ξ 时，β_n 的计算结果如表 3-1 所示。比如对于 $n=1,2,3,4$ 时，$\xi\sim\beta_n$ 关系曲线如图 3-10 所示。

在图 3-10 中可以看出，当 ξ 较大（刚度较小）时，曲线坡度平缓，β_n 收敛于 1，说明 β_n 变化率低，体现了吊杆作类似于张紧弦的振动。在 ξ 较小（刚度较大）时，曲线坡度较大，说明 β_n 变化率高，体现了吊杆振动频率对刚度敏感。当 ξ 有较小扰动时，β_n 也会产生较大的变化，此时 β_n 的鲁棒性差。实际上当吊杆刚度较大时，吊杆不再作类似于张紧弦的振动，故按弦振动理论计算时，误差可能较大。故对曲线进行拟合时必须略去 ξ 较小（刚度较大）部分。

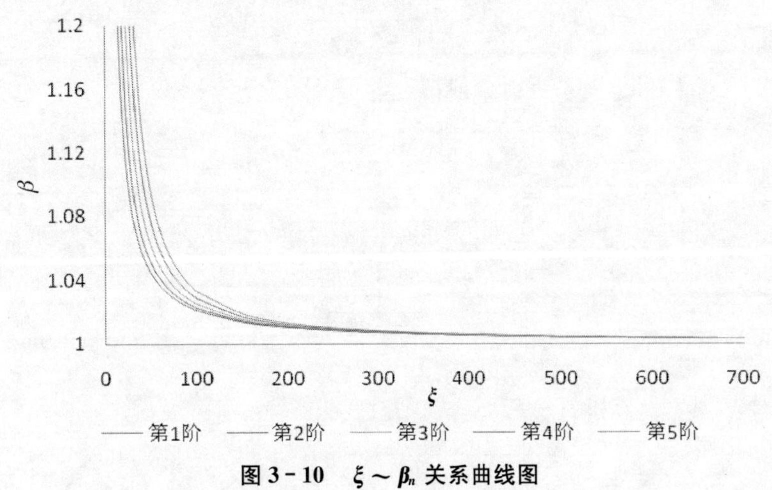

图 3-10 $\xi\sim\beta_n$ 关系曲线图

为便于计算，各曲线分段化简时均采用类似的函数形式。根据图 3-10 对 $\xi\sim\beta_1$ 关系进行分段拟合。拟合式为

$$\beta_1=\sqrt{1.12447+\frac{58.03561}{\xi^2}}\quad 10<\xi\leqslant 20 \tag{3-90-1}$$

$$\beta_1=\sqrt{1.05113+\frac{96.23818}{\xi^2}}\quad 20<\xi\leqslant 60 \tag{3-90-2}$$

$$\beta_1=\sqrt{1.02389+\frac{188.08804}{\xi^2}}\quad 60<\xi\leqslant 100 \tag{3-90-3}$$

$$\beta_1=\sqrt{1.00682+\frac{499.7639}{\xi^2}}\quad 100<\xi\leqslant 600 \tag{3-90-4}$$

对 $\xi\sim\beta_2$ 关系进行分段拟合，拟合式为

$$\beta_2=\sqrt{1.05475+\frac{123.58398}{\xi^2}}\quad 20<\xi\leqslant 60 \tag{3-91-1}$$

$$\beta_2=\sqrt{1.0256+\frac{206.48219}{\xi^2}}\quad 60<\xi\leqslant 100 \tag{3-91-2}$$

$$\beta_2=\sqrt{1.00824+\frac{395.80239}{\xi^2}}\quad 100<\xi\leqslant 600 \tag{3-91-3}$$

对 $\xi\sim\beta_3$ 关系进行分段拟合，拟合式为

$$\beta_3=\sqrt{1.03908+\frac{210.58887}{\xi^2}}\quad 40<\xi\leqslant 60 \tag{3-92-1}$$

$$\beta_3=\sqrt{1.02538+\frac{260.36805}{\xi^2}}\quad 60<\xi\leqslant 100 \tag{3-92-2}$$

$$\beta_3=\sqrt{1.00822+\frac{448.5913}{\xi^2}}\quad 100<\xi\leqslant 600 \tag{3-92-3}$$

对 $\xi\sim\beta_4$ 关系进行分段拟合，拟合式为

$$\beta_4=\sqrt{1.03601+\frac{294.4063}{\xi^2}}\quad 45<\xi\leqslant 60 \tag{3-93-1}$$

$$\beta_4=\sqrt{1.02506+\frac{335.77457}{\xi^2}}\quad 60<\xi\leqslant 100 \tag{3-93-2}$$

$$\beta_4=\sqrt{1.0082+\frac{521.04523}{\xi^2}} \quad 100<\xi\leqslant 600 \tag{3-93-3}$$

$\xi\sim\beta_n$ 理论解与拟合值误差如表 3－1 所示，β_n 各阶理论解与模拟值随 ξ 变化关系曲线分别如图 3－11～图 3－14 所示。

b. 当吊杆抗弯刚度较大时，吊杆作近似于梁横向振动，此时 ξ 较小。类似于 β_n，定义无量纲参数 χ_n

$$\chi_n=\frac{f_n}{f_n^B} \tag{3-94}$$

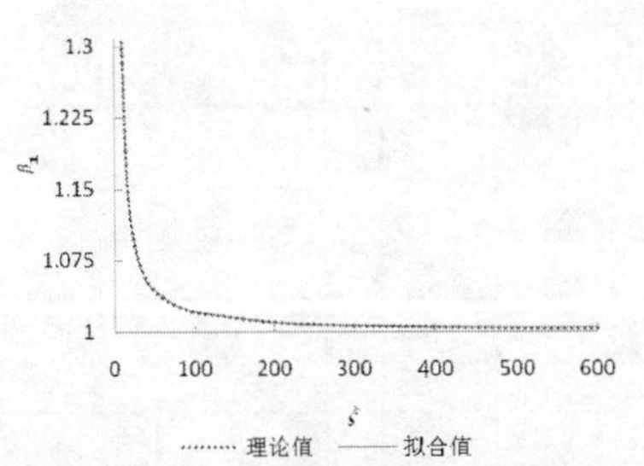

图 3－11　$\xi\sim\beta_1$ 计算值与拟合值关系曲线

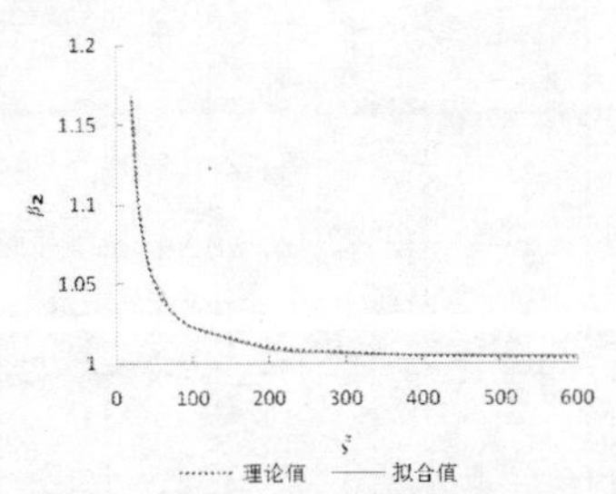

图 3－12　$\xi\sim\beta_2$ 计算值与拟合值关系曲线

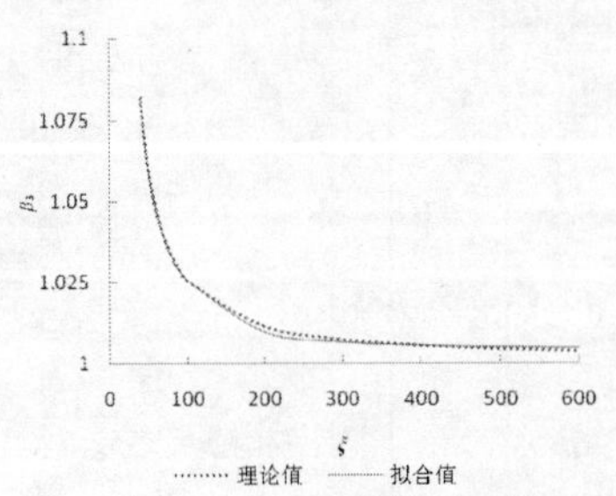

图 3－13　$\xi\sim\beta_3$ 计算值与拟合值关系曲线

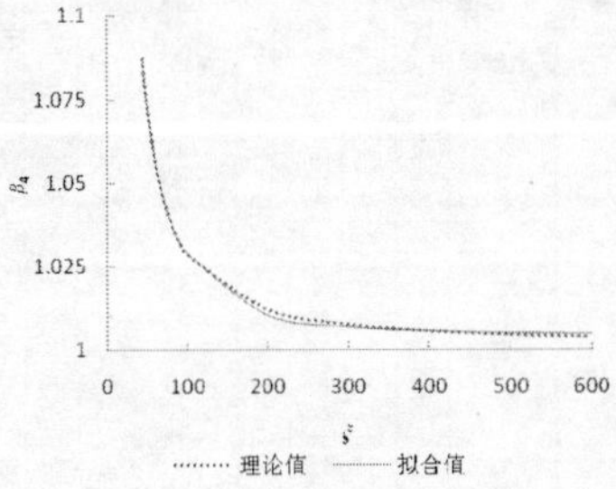

图 3－14　$\xi\sim\beta_4$ 计算值与拟合值关系曲线图

表 3-1　ξ 时 β_n 取值

n \ ξ	6	10	15	20	25	30	35	40	45	50	55	60	65	70	75	80
1	1.622 4	1.304 9	1.178 5	1.124 8	1.095 6	1.077 3	1.064 9	1.055 9	1.049 1	1.043 7	1.039 4	1.035 9	1.033 0	1.030 5	1.028 3	1.026 4
2	1.958 2	1.452 5	1.248 3	1.164 5	1.120 9	1.094 9	1.077 7	1.065 7	1.056 8	1.049 9	1.044 5	1.040 2	1.036 6	1.033 6	1.031 0	1.028 8
3	2.383 9	1.659 4	1.353 8	1.226 8	1.161 5	1.123 3	1.098 6	1.081 7	1.069 4	1.060 2	1.053 0	1.047 3	1.042 6	1.038 8	1.035 5	1.032 8
4	2.848 2	1.901 0	1.485 1	1.307 6	1.215 5	1.161 6	1.127 1	1.103 6	1.086 8	1.074 3	1.064 7	1.057 1	1.051 0	1.046 0	1.041 8	1.038 3
5	3.332 3	2.163 7	1.635 0	1.403 0	1.280 8	1.208 7	1.162 5	1.131 1	1.108 7	1.092 1	1.079 5	1.069 6	1.061 6	1.055 2	1.049 8	1.045 3
n \ ξ	85	90	95	100	150	200	250	300	350	400	450	500	550	600	650	700
1	1.024 8	1.023 4	1.022 1	1.020 9	1.013 7	1.010 2	1.008 1	1.006 8	1.005 8	1.005 1	1.004 5	1.004 0	1.003 7	1.003 4	1.003 1	1.002 9
2	1.026 9	1.025 2	1.023 8	1.022 4	1.014 4	1.010 6	1.008 4	1.006 9	1.005 9	1.005 1	1.004 6	1.004 1	1.003 7	1.003 4	1.003 1	1.002 9
3	1.030 4	1.028 4	1.026 5	1.025 0	1.015 5	1.011 2	1.008 8	1.007 2	1.006 1	1.005 3	1.004 7	1.004 2	1.003 8	1.003 5	1.003 2	1.003 0
4	1.035 3	1.032 7	1.030 5	1.028 5	1.017 1	1.012 1	1.009 3	1.007 6	1.006 4	1.005 5	1.004 9	1.004 3	1.003 9	1.003 6	1.003 3	1.003 0
5	1.041 5	1.038 3	1.035 4	1.033 0	1.019 1	1.013 2	1.010 1	1.008 1	1.006 8	1.005 8	1.005 1	1.004 5	1.004 1	1.003 7	1.003 4	1.003 1

表 3-2　$\xi \sim \beta_n$ 理论值与拟合值误差比较表

β_n \ ξ	β_1				β_2				β_3				β_4			
	计算值	拟合值	绝对误差	相对误差/%	计算值	拟合值	绝对误差	相对误差/%	计算值	拟合值	绝对误差	相对误差/%	计算值	拟合值	绝对误差	相对误差/%
10	1.304 9	1.305 7	-7.90×10^{-4}	−0.061												
15	1.178 5	1.175 8	2.74×10^{-3}	0.232												
20	1.124 8	1.126 8	-1.95×10^{-3}	−0.173	1.164 5	1.167 8	-3.28×10^{-3}	−0.282								

续表

ξ \ β_n	β_1				β_2				β_3				β_4			
	计算值	拟合值	绝对误差	相对误差/%	计算值	拟合值	绝对误差	相对误差/%	计算值	拟合值	绝对误差	相对误差/%	计算值	拟合值	绝对误差	相对误差/%
25	1.095 6	1.097 8	-2.17×10^{-3}	−0.198	1.120 9	1.119 1	1.76×10^{-3}	0.157								
30	1.077 3	1.076 1	1.17×10^{-3}	0.109	1.094 9	1.091 8	3.08×10^{-3}	0.281								
40	1.055 9	1.054 2	1.73×10^{-3}	0.164	1.065 7	1.064 0	1.75×10^{-3}	0.164	1.081 7	1.082 0	-2.88×10^{-4}	−0.027				
50	1.043 7	1.043 8	-1.49×10^{-4}	−0.014	1.049 9	1.050 8	-9.00×10^{-4}	−0.086	1.060 2	1.059 9	3.34×10^{-4}	0.032	1.074 3	1.074 1	1.61×10^{-4}	0.015
60	1.035 9	1.038 2	-2.30×10^{-3}	−0.222	1.040 2	1.043 6	-3.39×10^{-3}	−0.326	1.047 3	1.047 7	-3.53×10^{-4}	−0.034	1.057 1	1.057 3	-1.57×10^{-4}	−0.015
70	1.030 5	1.030 7	-1.65×10^{-4}	−0.016	1.033 6	1.033 3	2.87×10^{-4}	0.028	1.038 8	1.038 5	2.83×10^{-4}	0.027	1.046	1.045 7	2.55×10^{-4}	0.024
80	1.026 4	1.026 3	1.08×10^{-4}	0.011	1.028 8	1.028 5	2.77×10^{-4}	0.027	1.032 8	1.032 5	2.97×10^{-4}	0.029	1.038 3	1.038 0	2.63×10^{-4}	0.025
90	1.023 4	1.023 3	1.18×10^{-4}	0.012	1.025 2	1.025 2	-2.57×10^{-5}	−0.003	1.028 4	1.028 4	3.97×10^{-5}	0.004	1.032 7	1.032 7	-1.99×10^{-5}	−0.002
100	1.020 9	1.021 1	-2.24×10^{-4}	−0.022	1.022 4	1.022 9	-4.61×10^{-4}	−0.045	1.025	1.025 4	-3.87×10^{-4}	−0.038	1.028 5	1.028 9	-4.00×10^{-4}	−0.039
200	1.010 2	1.009 6	5.91×10^{-4}	0.059	1.010 6	1.009 0	1.57×10^{-3}	0.155	1.011 2	1.009 7	1.53×10^{-3}	0.151	1.012 1	1.010 6	1.54×10^{-3}	0.152
300	1.006 8	1.006 2	6.35×10^{-4}	0.063	1.006 9	1.006 3	6.03×10^{-4}	0.060	1.007 2	1.006 6	6.18×10^{-4}	0.061	1.007 6	1.007 0	6.31×10^{-4}	0.063
400	1.005 1	1.005 0	1.43×10^{-4}	0.014	1.005 1	1.005 3	-2.41×10^{-4}	−0.024	1.005 3	1.005 5	-1.99×10^{-4}	−0.020	1.005 5	1.005 7	-2.11×10^{-4}	−0.021
500	1.004	1.004 4	-3.98×10^{-4}	−0.040	1.004 1	1.004 9	-7.98×10^{-4}	−0.079	1.004 2	1.005 0	-7.97×10^{-4}	−0.079	1.004 3	1.005 1	-8.28×10^{-4}	−0.082
600	1.003 4	1.004 1	-6.94×10^{-4}	−0.069	1.003 4	1.004 7	-1.26×10^{-3}	−0.126	1.003 5	1.004 7	-1.22×10^{-3}	−0.122	1.003 6	1.004 8	-1.21×10^{-3}	−0.121

式中，$f_n=\frac{\omega_n}{2\pi}$ 为两端固定吊杆第 n 阶振动频率；$f_n^B=\frac{\phi_n^2}{2\pi L^2}\sqrt{\frac{EI}{m}}$ ，为两端固定梁第 n 阶振动频率理论值。

根据参数 ξ 定义式（3-84）与式（3-94）、式（3-35）中 δ ，ε 表达式为

$$\delta=\frac{\xi}{\sqrt{2}L}\sqrt{\sqrt{1+\left(\frac{2\phi_n^2 x_n}{\xi^2}\right)^2}-1}$$

$$\varepsilon=\frac{\xi}{\sqrt{2}L}\sqrt{\sqrt{1+\left(\frac{2\phi_n^2 x_n}{\xi^2}\right)^2}+1} \tag{3-95}$$

将上式代入式（3-82）或式（3-83），方程变为

$$2\phi_n^2\chi_n[1-\cosh(\varepsilon L)\cos(\delta L)]+\xi^2\sinh(\varepsilon L)\sin(\delta L)=0 \tag{3-96}$$

式（3-96）为超越方程，求解时首先确定 n 和 φ_n 。根据两端固定梁的振动频率方程可知关于 φ_n 的方程为

$$1-\cosh(\varphi_n)\cos(\varphi_n)=0 \tag{3-97}$$

可得到该方程的前 5 个解为：$\varphi_1=4.730$ ；$\varphi_2=7.853\ 2$ ；$\varphi_3=10.995\ 6$ ；$\varphi_4=14.137\ 165\ 5$ ；$\varphi_5=17.278\ 759\ 657$ 。

当确定了 φ_n 后，式（3-96）的求解方法与式（3-87）的求解方法相同。采用 Newton-Raphson 法进行求解。根据不同 ξ，χ_n 的计算结果如表 3－3 所示。例如对于 $n=1\sim5$ 时，$\xi\sim\chi_n$ 关系曲线如图3－15所示。

为便于化简，各曲线化简采用类似的函数形式。根据图 3－15 对 $\xi\sim\chi_1$ 关系进行分段拟合，拟合式为

$$\chi_1=\sqrt{1+\frac{\xi^2}{42.020\ 98}} \quad 0<\xi\leqslant 10 \tag{3-98}$$

对 $\xi\sim\chi_2$ 关系进行分段拟合，拟合式为

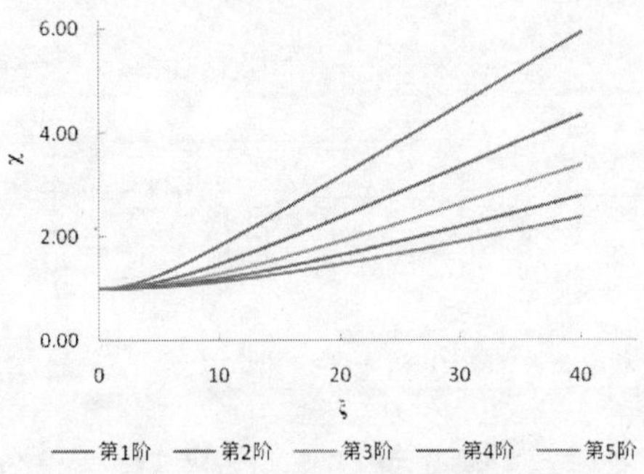

图 3-15 $\xi \sim \chi_n$ 关系曲线图

$$\chi_2 = \sqrt{1 + \frac{\xi^2}{85.50065}} \quad 0 < \xi < 20 \tag{3-99}$$

对 $\xi \sim \chi_3$ 关系进行分段拟合，拟合式为

$$\chi_3 = \sqrt{1 + \frac{\xi^2}{152.69022}} \quad 0 < \xi \leqslant 40 \tag{3-100}$$

对 $\xi \sim \chi_4$ 关系进行分段拟合，拟合式为

$$\chi_4 = \sqrt{1 + \frac{\xi^2}{237.07164}} \quad 0 < \xi \leqslant 45 \tag{3-101}$$

$\xi \sim \beta_n$ 理论解与拟合值误差如表 3-4 所示，β_n 各阶理论解与模拟值随 ξ 变化关系曲线分别如图 3-16～图 3-19 所示。

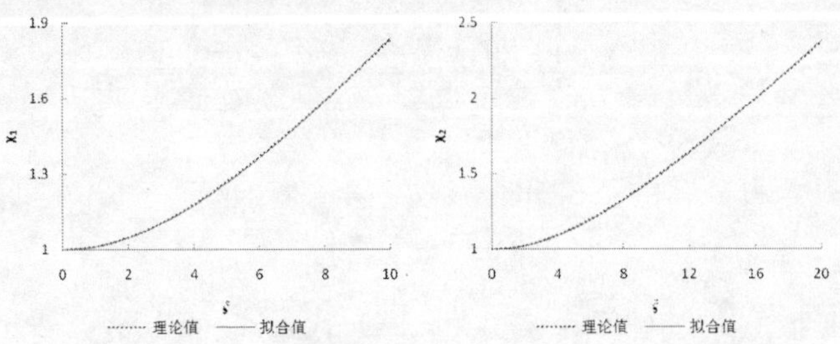

图 3-16 $\xi \sim \chi_1$ 计算值与拟合值关系曲线

图 3-17 $\xi \sim \chi_2$ 计算值与拟合值关系曲线图

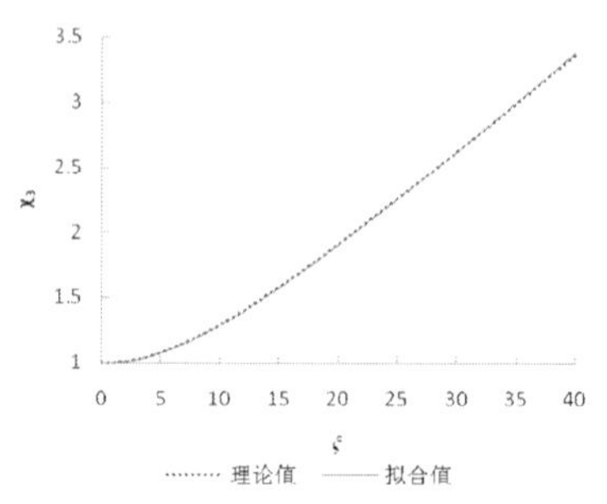

图 3-18　$\xi \sim \chi_3$ 计算值与拟合值关系曲线

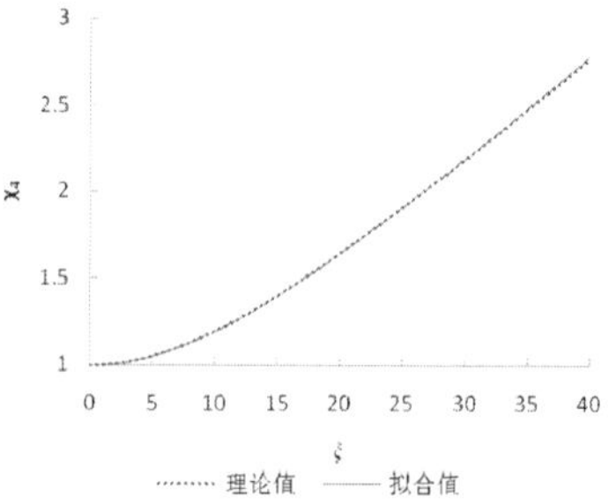

图 3-19　$\xi \sim \chi_4$ 计算值与拟合值关系曲线图

c. 实用吊杆张力计算公式：

根据式（3-90）～式（3-93），可以看出，可采用统一的函数形式为

$$\beta_n = \sqrt{\mathrm{A} + \frac{B}{\xi^2}} \tag{3-102}$$

令
$$C = \sqrt{\frac{\mathrm{EI}}{\rho L^4}} \tag{3-103}$$

将上式及式（3-84）、式（3-85）代入式（3-102），展开可得 ξ 较大时吊杆张力 T 的计算式：

$$T = 4m\,(f_n L)^2 [\frac{1}{An^2} - \frac{B}{4A}\left(\frac{C}{f_n}\right)^2] \tag{3-104}$$

同理，式（3-98）～式（3-101）采用的形式为

$$\chi_n = \sqrt{1 + \frac{\xi^2}{D}} \tag{3-105}$$

将上式及式（3-84）与式（3-94）代入式（3-105），展开可得 ξ 较小时吊杆张力 T 的计算式：

表 3-3 ξ 时 χ_n 取值

n \ ξ	1	2	3	4	5	6	7	8	9	10	11	12	13	14	15	16	17	18	19	20
1	1.012 2	1.047 9	1.104 6	1.178 9	1.267 3	1.366 9	1.474 9	1.589 5	1.709 0	1.832 3	1.958 5	2.087 1	2.217 4	2.349 3	2.482 3	2.616 2	2.751 0	2.886 4	3.022 4	3.158 8
2	1.006 0	1.023 9	1.053 0	1.092 3	1.140 7	1.197 0	1.260 0	1.328 8	1.402 3	1.479 8	1.560 7	1.644 3	1.730 2	1.818 1	1.907 7	1.998 6	2.090 7	2.183 9	2.277 9	2.372 7
3	1.003 4	1.013 4	1.030 0	1.052 7	1.081 2	1.115 0	1.153 6	1.196 5	1.243 3	1.293 6	1.346 8	1.402 6	1.460 8	1.521 0	1.582 9	1.646 4	1.711 3	1.777 4	1.844 5	1.912 6
4	1.002 1	1.008 6	1.019 1	1.033 8	1.052 3	1.074 5	1.100 1	1.129 0	1.160 8	1.195 3	1.232 3	1.271 5	1.312 8	1.355 9	1.400 7	1.447 0	1.494 6	1.543 4	1.593 4	1.644 3
5	1.001 5	1.005 9	1.013 2	1.023 4	1.036 4	1.051 9	1.070 1	1.090 6	1.113 4	1.138 4	1.165 3	1.194 1	1.224 6	1.256 7	1.290 3	1.325 2	1.361 4	1.398 7	1.437 0	1.476 3
n \ ξ	21	22	23	24	25	26	27	28	29	30	31	32	33	34	35	36	37	38	39	40
1	3.295 7	3.432 8	3.570 3	3.708 1	3.846 0	3.984 2	4.122 5	4.261 0	4.399 7	4.538 4	4.677 3	4.816 3	4.955 3	5.094 5	5.233 7	5.373 0	5.512 4	5.6518	5.791 3	5.930 8
2	2.468 1	2.564 1	2.660 6	2.757 6	2.855 0	2.952 7	3.050 7	3.149 0	3.247 5	3.346 3	3.445 3	3.544 5	3.643 8	3.743 3	3.842 9	3.942 6	4.042 5	4.142 5	4.242 6	4.342 8
3	1.981 5	2.051 1	2.121 4	2.192 3	2.263 7	2.335 5	2.407 8	2.480 5	2.553 5	2.626 9	2.700 5	2.774 4	2.848 5	2.922 9	2.997 5	3.072 2	3.147 1	3.222 2	3.297 4	3.372 8
4	1.696 1	1.748 7	1.802 1	1.856 1	1.910 7	1.965 9	2.021 5	2.077 6	2.134 2	2.191 1	2.248 4	2.306 0	2.363 8	2.422 0	2.480 4	2.539 1	2.597 9	2.657 0	2.716 2	2.775 7
5	1.516 5	1.557 5	1.599 2	1.641 7	1.684 7	1.728 3	1.772 5	1.817 2	1.862 3	1.907 8	1.953 7	2.000 0	2.046 6	2.093 5	2.140 7	2.188 2	2.235 9	2.283 9	2.332 1	2.380 4

表 3－4　$\xi \sim \chi_n$ 理论值与拟合值误差比较表

ξ \ χ_n	χ_1				χ_2				χ_3				χ_4			
	计算值	拟合值	绝对误差	相对误差/%	计算值	拟合值	绝对误差	相对误差/%	计算值	拟合值	绝对误差	相对误差/%	计算值	拟合值	绝对误差	相对误差/%
1	1.012 2	1.011 8	3.71×10^{-4}	0.037	1.006 0	1.005 8	1.69×10^{-4}	0.017	1.003 4	1.003 27	1.31×10^{-4}	0.013	1.002 10	1.002 11	-6.81×10^{-6}	−0.001
5	1.267 3	1.262 91	4.39×10^{-3}	0.346	1.140 7	1.136 84	3.86×10^{-3}	0.338	1.081 2	1.078 76	2.44×10^{-3}	0.226	1.052 30	1.051 40	8.96×10^{-4}	0.085
10	1.832 3	1.838 41	-6.11×10^{-0}	−0.333	1.479 8	1.472 95	6.85×10^{-3}	0.463	1.293 6	1.286 44	7.16×10^{-3}	0.553	1.195 30	1.192 39	2.91×10^{-3}	0.243
15					1.907 7	1.905 66	2.04×10^{-3}	0.107	1.582 9	1.572 76	1.01×10^{-2}	0.641	1.400 70	1.396 09	4.61×10^{-3}	0.329
20					2.372 7	2.382 92	-1.02×10^{-0}	−0.431	1.912 6	1.902 55	1.01×10^{-2}	0.525	1.644 30	1.639 27	5.03×10^{-3}	0.306
25									2.263 7	2.256 82	6.88×10^{-3}	0.304	1.910 70	1.906 9	3.80×10^{-3}	0.199
30									2.626 9	2.625 70	1.20×10^{-3}	0.046	2.191 10	2.190 03	1.07×10^{-3}	0.049
35									2.997 5	3.003 79	-6.29×10^{-0}	−0.210	2.480 40	2.483 37	-2.97×10^{-3}	−0.120
40									3.372 8	3.388 03	-1.52×10^{-0}	−0.452	2.775 70	2.783 68	-7.98×10	−0.287

$$T=4m\left(f_nL\right)^2\left[\frac{D\pi^2}{\phi_n^4}-\frac{D}{4}\left(\frac{C}{f_n}\right)^2\right] \tag{3-106}$$

将式（3-90）～式（3-93）分别代入式（3-104），式（3-98）～式（3-101）分别代入式（3-106），可以建立吊杆横向振动时前4阶频率与吊杆张力之间的实用公式。

当采用第1阶频率时，吊杆横向振动频率与吊杆张力间关系式为

$$T=4m\left(f_1L\right)^2\left[0.828\,555-10.505\,25\left(\frac{C}{f_1}\right)^2\right]\quad 0<\xi\leqslant 10 \tag{3-107-1}$$

$$T=4m\left(f_1L\right)^2\left[0.889\,308-12.902\,88\left(\frac{C}{f_1}\right)^2\right]\quad 10<\xi\leqslant 20 \tag{3-107-2}$$

$$T=4m\left(f_1L\right)^2\left[0.951\,357-22.889\,22\left(\frac{C}{f_1}\right)^2\right]\quad 20<\xi\leqslant 60 \tag{3-107-3}$$

$$T=4m\left(f_1L\right)^2\left[0.976\,667-45.924\,86\left(\frac{C}{f_1}\right)^2\right]\quad 60<\xi\leqslant 100 \tag{3-107-4}$$

$$T=4m\left(f_1L\right)^2\left[0.993\,226-124.094\,6\left(\frac{C}{f_1}\right)^2\right]\quad 100<\xi\leqslant 600 \tag{3-107-5}$$

当采用第2阶频率时，吊杆横向振动频率与吊杆张力间关系式为

$$T=4m\left(f_2L\right)^2\left[0.221\,862-21.375\,16\left(\frac{C}{f_2}\right)^2\right]\quad 0<\xi\leqslant 20 \tag{3-108-1}$$

$$T = 4m\,(f_2L)^2\left[0.237\,023 - 29.292\,24\left(\frac{C}{f_2}\right)^2\right] \quad 20 < \xi \leqslant 60$$

(3-108-2)

$$T = 4m\,(f_2L)^2\left[0.243\,76 - 50.332\,05\left(\frac{C}{f_2}\right)^2\right] \quad 60 < \xi \leqslant 100$$

(3-108-3)

$$T = 4m\,(f_2L)^2\left[0.247\,957 - 98.141\,91\left(\frac{C}{f_2}\right)^2\right] \quad 100 < \xi \leqslant 600$$

(3-108-4)

当采用第 3 阶频率时，吊杆横向振动频率与吊杆张力间关系式为

$$T = 4m\,(f_3L)^2\left[0.103\,094 - 38.172\,56\left(\frac{C}{f_3}\right)^2\right] \quad 0 < \xi \leqslant 40$$

(3-109-1)

$$T = 4m\,(f_3L)^2\left[0.106\,932 - 50.667\,15\left(\frac{C}{f_3}\right)^2\right] \quad 40 < \xi \leqslant 60$$

(3-109-2)

$$T = 4m\,(f_3L)^2\left[0.108\,361 - 63.480\,87\left(\frac{C}{f_3}\right)^2\right] \quad 60 < \xi \leqslant 100$$

(3-109-3)

$$T = 4m\,(f_3L)^2\left[0.110\,205 - 111.233\,5\left(\frac{C}{f_3}\right)^2\right] \quad 100 < \xi \leqslant 600$$

(3-109-4)

当采用第 4 阶频率时，吊杆横向振动频率与吊杆张力间关系式为

$$T = 4m\,(f_4L)^2\left[0.058\,577 - 59.267\,91\left(\frac{C}{f_4}\right)^2\right] \quad 0 < \xi \leqslant 45$$

(3-110-1)

$$T = 4m\,(f_4L)^2\left[0.060\,328 - 71.043\,31\left(\frac{C}{f_4}\right)^2\right] \quad 45 < \xi \leqslant 60 \tag{3-110-2}$$

$$T = 4m\,(f_4L)^2\left[0.060\,972 - 81.891\,44\left(\frac{C}{f_4}\right)^2\right] \quad 60 < \xi \leqslant 100 \tag{3-110-3}$$

$$T = 4m\,(f_4L)^2\left[0.061\,992 - 129.201\,9\left(\frac{C}{f_4}\right)^2\right] \quad 100 < \xi \leqslant 600 \tag{3-110-4}$$

2）考虑附加质量，$M_g, M_X \neq 0$，且考虑弹性支撑，此时吊杆计算模型可简化为图 3－20 所示：

① 两端铰接：此时 $K_3, K_4 = 0$

可将 $K_3, K_4 = 0$ 代入式（3-60），得

$$\begin{Vmatrix} -EI\delta^2 & 0 & EI\varepsilon^2 & K_3\varepsilon \\ \omega^2 M_g - K'_g & T\delta + EI\delta^3 & \omega^2 M_g - K'_g & T\varepsilon - EI\varepsilon^3 \\ -EI\delta^2\cos(\delta L)0 & -EI\delta^2\sin(\delta L)0 & EI\varepsilon^2\cosh(\varepsilon L) & EI\varepsilon^2\sinh(\varepsilon L) \\ \begin{matrix} EI\delta^3\sin(\delta L) - (K'_X - \omega^2 M_X) \\ \cos(\delta L) - T\delta\sin(\delta L) \end{matrix} & \begin{matrix} -EI\delta^3\cos(\delta L) - (K'_X - \omega^2 M_X) \\ \sin(\delta L) + T\delta\cos(\delta L) \end{matrix} & \begin{matrix} EI\varepsilon^3\sinh(\varepsilon L) - (K'_X - \omega^2 M_X) \\ \cosh(\varepsilon L) + T\varepsilon\sinh(\varepsilon L) \end{matrix} & \begin{matrix} EI\varepsilon^3\cosh(\varepsilon L) - (K'_X - \omega^2 M_X) \\ \sinh(\varepsilon L) + T\varepsilon\cosh(\varepsilon L) \end{matrix} \end{Vmatrix} = 0 \tag{3-111}$$

展开上式，即可得到吊杆张力 T 与吊杆横向振动频率 ω 之间的解析表达式，但展开式比较烦琐，不利于工程应用。

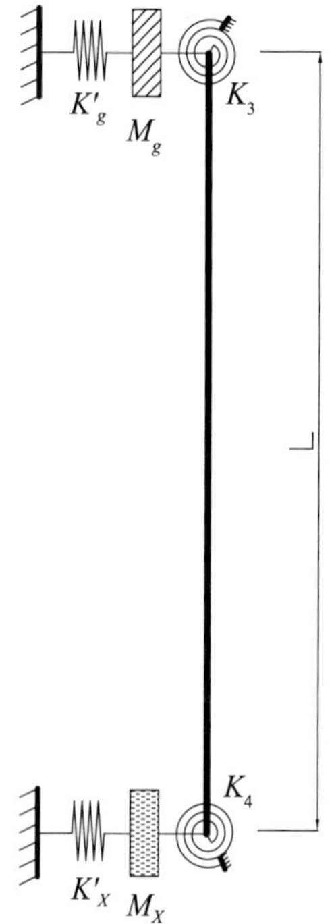

图 3-20 考虑附加质量和弹性支撑的吊杆计算模型

为了便于计算，采用 Rayleigh 法给出吊杆横向振动频率与吊杆张力之间的关系。

假定吊杆的振型函数为

$$U(x,t) = y(x)\cos(\omega l + \theta) \tag{3-112}$$

不考虑弹性支撑时，在均布荷载 q 作用下，两端铰支梁的挠度方程为

$$y_1(x) = \frac{ql^4}{24EI}\left(-\left(\frac{x}{L}\right)^4 + 2\left(\frac{x}{L}\right)^3 - \frac{x}{L}\right) \tag{3-113}$$

考虑弹性支撑时，在均布荷载 q 作用下，拱肋端和系杆端弹性

支撑产生的位移分别为

$$y_g = -\frac{qL}{2K_g}, \tag{3-114-1}$$

$$y_X = -\frac{qL}{2K_X}, \tag{3-114-2}$$

则弹性支撑所引起吊杆的位移为

$$y_2(x) = y_g + \frac{y_g - y_X}{L}x \tag{3-115}$$

故考虑弹性支撑时，两端铰支梁的振型函数中：

$$y(x) = y_1(x) + y_2(x)$$

$$y(x) = \frac{ql^4}{24EI}\left(-\left(\frac{x}{L}\right)^4 + 2\left(\frac{x}{L}\right)^3 - \frac{x}{L}\right) + \left(y_g + \frac{y_g - y_X}{L}x\right) \tag{3-116}$$

假定吊杆及弹性支撑等为弹性材料，如考虑吊杆振动时剪切变形和转动惯量的影响，任一时刻 t 时，吊杆的动能 E_1 为

$$E_1 = \frac{1}{2}\int_0^L m\,(\dot{U}(x,t))^2\mathrm{d}x + \frac{1}{2}\int_0^L \frac{m}{A}I\,(\dot{\alpha}(x,t))^2\mathrm{d}x \tag{3-117}$$

式中，第一部分为吊杆平移引起的动能；第二部分为吊杆转动惯量项。其中，m 为吊杆单位长度质量；$\dot{U}(x,t) = \frac{\partial U(x,t)}{\partial t}$；$A$ 为吊杆横截面积；I 为吊杆横截面惯性矩；α 为截面转角 $\dot{\alpha}(x,t) = \frac{\partial \alpha(x,t)}{\partial t}$。

拱肋和系杆等效质量对应的动能为

$$E_2 = \frac{1}{2}M_g\,[\dot{U}_g(t)]^2 + \frac{1}{2}M_X\,[\dot{U}_X(t)]^2 \tag{3-118}$$

式中，$U_g(t)$；$U_X(t)$ 分别表示拱肋端部和系杆端部弹性支撑引起的

位移。其中：$U_g(t)=y_g\cos(\omega l+\theta)$；$U_X(t)=y_x\cos(\omega l+\theta)$；$\dot{U}_g(t)=\dfrac{\partial U_g(t)}{\partial t}$；$\dot{U}_X(t)=\dfrac{\partial U_X(t)}{\partial t}$，分别表示拱肋和系杆上弹性支撑在 t 时刻所对应的速度。

吊杆的势能为

$$V_1=\underbrace{\frac{1}{2}\int_0^L EI\,(U''(x,t))^2\mathrm{d}x}_{\text{弯曲应变能}}+\underbrace{\frac{1}{2}\int_0^L T\,(U'(x,t))^2\mathrm{d}x}_{\text{外荷位能}}+\underbrace{\frac{1}{2}\int_0^L kGA\gamma^2\mathrm{d}x}_{\text{剪切应变能}} \tag{3-119}$$

式中，$U''(x,t)=\dfrac{\partial^2 U(x,t)}{\partial x^2}$；$U'(x,t)=\dfrac{\partial U(x,t)}{\partial x}$；$T$ 为吊杆张力；k 为剪切系数；G 剪切弹性模量；γ 由于剪切变形引起截面的转角，其值为

$$\gamma=\varphi-\frac{\partial U(x,t)}{\partial x}=\frac{1}{kGA}\int(q-m\ddot{U}(x,t))\mathrm{d}x \tag{3-120}$$

式中，φ 为截面的转角；q 为横向荷载；$\ddot{U}(x,t)=\dfrac{\partial^2 U(x,t)}{\partial t^2}$。

弹性支承对应的应变能：

$$V_2=\frac{1}{2}K_g{}'y_g{}^2+\frac{1}{2}K_{X'}y_X{}^2 \tag{3-121}$$

根据 Rayleigh 法系统能量是守恒的，因此系统最大动能等于最大位能，即

$$(E_1+E_2)_{\max}=(V_1+V_2)_{\max} \tag{3-122}$$

将吊杆等各几何尺寸、弹性常数等依次代入式（3-122），即可得到基于 Timoshenko 梁理论并考虑了复合边界条件的吊杆横向振动频率-吊杆张力方程。

当不考虑吊杆剪切变形和转动惯量影响时，系统振动频率可以表示为

$$\omega^2=\frac{EI\int_0^L y''(x)^2\mathrm{d}x+T\int_0^L y'(x)^2\mathrm{d}x+K_g{}'y_g{}^2+K_X{}'y_X{}^2}{m\int_0^L y(x)^2\mathrm{d}x+M_g y_g{}^2+M_X y_X{}^2}\tag{3-123}$$

将式（3-116）代入上式，可得

$$EI\int_0^L y''(x)^2\mathrm{d}x=\frac{1}{120}\frac{q^2L^5}{EI}\tag{3-124-1}$$

$$T\int_0^L y'(x)^2\mathrm{d}x=\frac{17}{20\,160}\frac{Tq^2L^7}{E^2I^2}+\frac{Tq^2(K_g-K_X)^2L}{4K_g{}^2K_X{}^2}\tag{3-124-2}$$

$$K_g{}'y_g{}^2+K_X{}'y_X{}^2=\frac{q^2L^2}{4}\left(\frac{1}{K_g}+\frac{1}{K_X}\right)\tag{3-124-3}$$

$$m\int_0^L y(x)^2\mathrm{d}x=\frac{31mq^2L^9}{362\,880E^2I^2}+\frac{1}{240}\frac{mq^2L^6}{EI}\left(\frac{1}{K_g}+\frac{1}{K_X}\right)+\frac{mq^2L^3}{12}\left(\frac{1}{K_g^2}+\frac{1}{K_gK_X}+\frac{1}{K_X^2}\right)\tag{3-124-4}$$

$$M_g y_g{}^2+M_X y_X{}^2=\frac{q^2L^2}{4}\left(\frac{M_g}{K_g^2}+\frac{M_X}{K_X^2}\right)\tag{3-124-5}$$

故

$$\omega^2=\frac{90\,720E^2I^2[T(K_g-K_X)^2+LK_gK_X(K_g+K_X)]+3\,024EIL^4K_g^2K_X^2+306TL^6K_g^2K_X^2}{E^2I^2[30\,240mL^2(K_g^2+K_gK_X+K_X^2)+90\,720L(M_XK_g^2+M_gK_X^2)]+1512EImL^5(K_XK_g^2+K_gK_X^2)+31mL^8K_g^2K_X^2}\tag{3-125}$$

上式即为考虑了吊杆两端弹性支撑和附加质量影响时两端简支边界

条件对应的吊杆系统横向第 1 阶振动频率与吊杆张力关系的计算式。通过上式还可得到吊杆张力与横向振动第 1 阶频率关系的计算式：

$$T = \frac{4\pi^2 f^2 \{E^2 I^2[30\,240mL^2(K_g^2 + K_gK_X + K_X^2) + 90\,720L(M_XK_g^2 + M_gK_X^2)] + 1\,512EImL^5(K_XK_g^2 + K_gK_X^2) + 31mL^8K_g^2K_X^2\}}{90720E^2I^2(K_g - K_X)^2 + 306L^6K_g^2K_X^2} - \frac{90\,720E^2I^2LK_gK_X(K_g + K_X) + 3\,024EIL^4K_g^2K_X^2}{90\,720E^2I^2(K_g - K_X)^2 + 306L^6K_g^2K_X^2} \tag{3-126}$$

当不计附加质量和弹性支撑时，式（3-125）可简化为

$$\omega^2 = \frac{3\,024EI + 306TL^2}{31mL^4} \tag{3-127}$$

不计附加质量和弹性支撑时，式（3-126）可简化为吊杆张力和横向第 1 阶振动频率公式：

$$T = \frac{62\pi^2 mL^2 f^2}{153} - \frac{1\,512EI}{153L^2} \tag{3-128}$$

可以看出，上式与 $n = 1$ 时的式（3-71）相比，式（3-128）所得结果略小。根据 Rayleigh 法特点：用真实振型所得的频率是 Rayleigh 法所求的频率中的最低的一个。因此式（3-116）所给出的振型函数是逼近于挠曲线真实形状的合适的函数。

② 两端固定时：$K_3, K_4 \to \infty$

与吊杆两端铰接边界条件类似，不考虑弹性支撑时，在均布荷载 q 作用下，两端固支梁的挠度方程可取：

$$y_1(x) = \frac{ql^4}{24EI}\left(-\left(\frac{x}{L}\right)^4 + 2\left(\frac{x}{L}\right)^3 - \left(\frac{x}{L}\right)^2\right) \tag{3-129}$$

故考虑吊杆两端弹性支撑时，两端固支梁的振型函数为

$$y(x)=\frac{ql^4}{24EI}\left(-\left(\frac{x}{L}\right)^4+2\left(\frac{x}{L}\right)^3-\left(\frac{x}{L}\right)^2\right)+\left(y_g+\frac{y_g-y_X}{L}x\right) \tag{3-130}$$

将式（3-130）代入式（3-123），可得

$$EI\int_0^L y''(x)^2\mathrm{d}x=\frac{1}{720}\frac{q^2L^5}{EI} \tag{3-131-1}$$

$$T\int_0^L y'(x)^2\mathrm{d}x=\frac{1}{30\ 240}\frac{Tq^2L^7}{E^2I^2}+\frac{Tq^2\ (K_g-K_x)^2L}{4{K_g}^2{K_X}^2} \tag{3-131-2}$$

$$K_g{}'{y_g}^2+K_X{}'{y_X}^2=\frac{q^2L^2}{4}\left(\frac{1}{K_g}+\frac{1}{K_X}\right) \tag{3-131-3}$$

$$m\int_0^L y(x)^2\mathrm{d}x=\frac{mq^2L^9}{362\ 880E^2I^2}+\frac{1}{1\ 440}\frac{mq^2L^6}{EI}\left(\frac{1}{K_g}+\frac{1}{K_X}\right)+\frac{mq^2L^3}{12}\left(\frac{1}{K_g^2}+\frac{1}{K_gK_X}+\frac{1}{K_X^2}\right) \tag{3-131-4}$$

$$M_g{y_g}^2+M_X{y_X}^2=\frac{q^2L^2}{4}\left(\frac{M_g}{K_g^2}+\frac{M_X}{K_X^2}\right) \tag{3-131-5}$$

故

$$\omega^2=\frac{90\ 720E^2I^2[T(K_g-K_X)^2+LK_gK_X(K_g+K_X)]+504EIL^4K_g^2K_X^2+12TL^6K_g^2K_X^2}{E^2I^2[30\ 240mL^2(K_g^2+K_gK_X+K_X^2)+90\ 720L(M_XK_g^2+M_gK_X^2)]+252EImL^5(K_XK_g^2+K_gK_X^2)+mL^8K_g^2K_X^2} \tag{3-132}$$

上式即为考虑了吊杆两端弹性支撑和附加质量影响时两端固支吊杆系统横向第1阶振动频率与吊杆张力关系的计算式。由上式还可表

达为吊杆张力与横向第 1 阶振动频率关系计算式：

$$T=\frac{4\pi^2 f^2\{E^2I^2[30\ 240mL^2(K_g^2+K_gK_X+K_X^2)+90\ 720L(M_XK_g^2+M_gK_X^2)]+252EImL^5(K_XK_g^2+K_gK_X^2)+mL^8K_g^2K_X^2\}}{90\ 720E^2I^2(K_g-K_X)^2+12L^6K_g^2K_X^2}-\frac{90\ 720E^2I^2LK_gK_X(K_g+K_X)+504EIL^4K_g^2K_X^2}{90\ 720E^2I^2(K_g-K_X)^2+12L^6K_g^2K_X^2} \tag{3-133}$$

当不计附加质量和弹性支撑时，式（3-132）可简化为

$$\omega^2=\frac{504EI+12TL^2}{mL^4} \tag{3-134}$$

不计附加质量和弹性支撑时，式（3-133）可简化为吊杆张力和横向第 1 阶振动频率公式：

$$T=\frac{\pi^2mL^2f^2}{3}-\frac{42EI}{L^2} \tag{3-135}$$

上式与式（3-107-1）近似相等。

3.4 吊杆张力测定试验研究

吊杆张力的测定有直接法和间接法两种，振动法测量吊杆张力属于间接法的一种。振动法测定吊杆张力主要包括两个方面的内容，一是根据不同支承边界条件下吊杆的振动方程，由吊杆张力和频率之间的关系，推导出张力测定计算公式；二是测得吊杆的振动频率，代入该张力计算公式，得到被测吊杆的张力。吊杆物理参数的取值、测量仪器的选择和试验数据的分析等对吊杆张力的准确测定有重要的影响。

3.4.1 吊杆张力测定试验简述

3.4.1.1 激励方式

振动法根据激励方式的不同，可以分为共振法和随机振动法

两种。

共振法测量吊杆振动频率时，需要人工激振，使吊杆做单一的基频振动，然后用频率计（传感器）测出吊杆的基频。该方法的局限性在于测量结果的准确性与操作者的经验有关。在现场试验时，需要专门的激励设备，一般情况下这些装置比较昂贵，甚至有时受现场条件所限无法使用。

随机振动法测量吊杆振动频率，不用对吊杆进行人工激振，而是利用风、桥面振动等环境随机激振源对吊杆进行激振。在环境随机激振源的激励下，吊杆的振动也是一种随机振动，利用频谱分析仪器对吊杆的随机信号进行频谱分析，可以得到吊杆前几阶的自振频率。这种方法无须昂贵的激振装置，也不影响结构的正常使用，只需测量相应数据，操作简单方便，是振动法的首选方案。

3.4.1.2 频率提取方法

目前采用的环境激励模态分析方法有多种，例如最大熵法(MEM)、ITD/随机减量法、功率谱峰值法、最小平方曲线拟合法以及 ARMA 模型等。

功率谱峰值法最初是基于结构自振频率在其频率响应函数上会出现峰值，而峰值就是特征频率的良好估计。对于环境振动，由于没有输入信号，将由环境振动响应的自谱来取代频率响应函数。此时，特征频率仅由平均正则化了的功率谱密度（ANPSDs）曲线上的峰值来确定，故称为峰值法。功率谱密度是用离散的傅里叶变换(DFT）将实测的加速度数据转换到频域后直接求得。峰值法是一种频域识别方法，由于频域法简单和处理速度快，该方法在实际工程中已经得到了广泛的应用。

3.4.1.3 物理参数取值

利用振动法测定吊杆张拉力的精度在很大程度上取决于吊杆本身参数的可靠性，诸如吊杆的弯曲刚度 EI 、吊杆的计算长度 l ，吊杆的线质量密度 m 等。

（1）线质量密度

在国家标准《斜拉桥热挤聚乙烯高强钢丝拉索技术条件》（GB/T 18365—2001）中，分别列出了钢丝束和整个拉索的单位长度的质量。在张力测试中，吊杆单位长度的质量应该包括护套的质量，在实际工程中，如果需要提高测试精度，应该在施工现场进行标定。

（2）弯曲刚度

弯曲刚度对吊杆张力的影响取决于吊杆的断面构造，其示意图如图 3－21 所示。钢丝束断面呈六边形或缺角六边形，钢丝紧密排列后经左旋轻度扭绞而成，扭绞角为 2°～4°。钢丝束外面沿吊杆长度方向连续缠绕右旋的细钢丝，也可缠绕纤维增强聚酯带，然后外挤聚乙烯护套，护套为黑色内层彩色外层的双层结构，也可采用黑色的单层结构。

如果吊杆的钢丝之间是完全不黏结的，则吊杆的惯性矩为全部钢丝对自身惯性矩之和；如果是完全黏结，则为全部钢丝对断面形心的惯性矩之和。吊杆的实际抗弯刚度应该介于完全不黏结与完全黏结之间。现场标定表明，实际抗弯刚度值接近于完全黏结时的弯曲刚度。

（3）边界条件

吊杆上端和拱肋相连，下端和系杆梁相连，如图 3－22 所示。

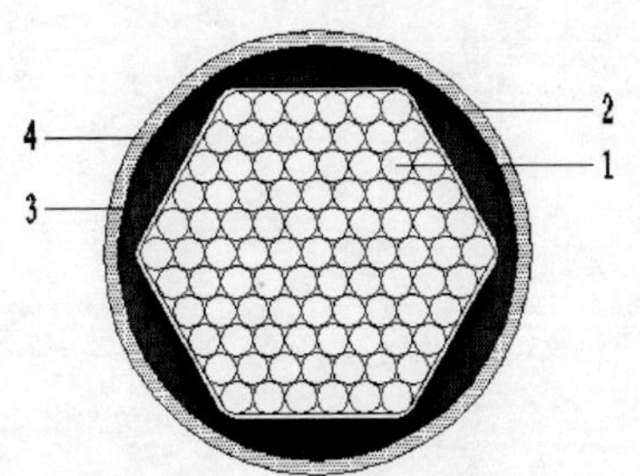

图 3－21　吊杆断面结构示意图

1—高强钢丝；2—缠绕细钢丝或纤维增强聚酯带

3—黑色聚乙烯护套；4—彩色聚乙烯护套

吊杆两端边界条件并不是完全固定不动，在环境激励下，吊杆两端的拱肋和桥面（系杆梁）的刚度对于吊杆将产生一定的影响，需按本章上一部分的分析结论进行考虑。

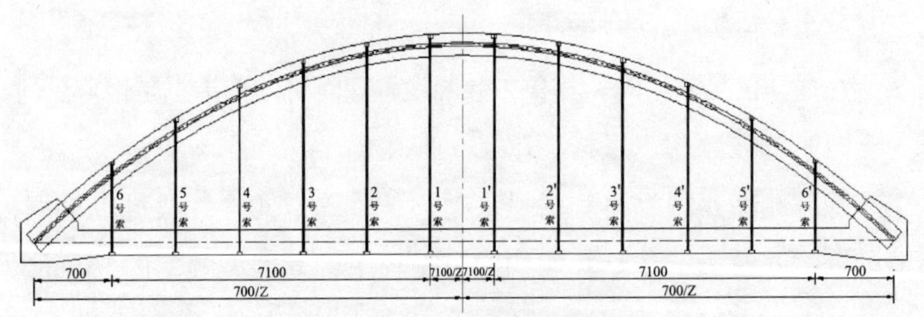

图 3－22　下承式拱桥示意图

（4）计算长度

吊杆两端采用的是冷铸锚，其结构示意图如图 3－23 所示。经过计算可以看出，吊杆计算长度的取值应该由锚具前端算起，虽然锚具前端还有连接筒和前盖，但是通过现场的测试表明，连接筒和前盖对于吊杆的第 1 阶振型约束较小。但是，对于高阶频率连接筒

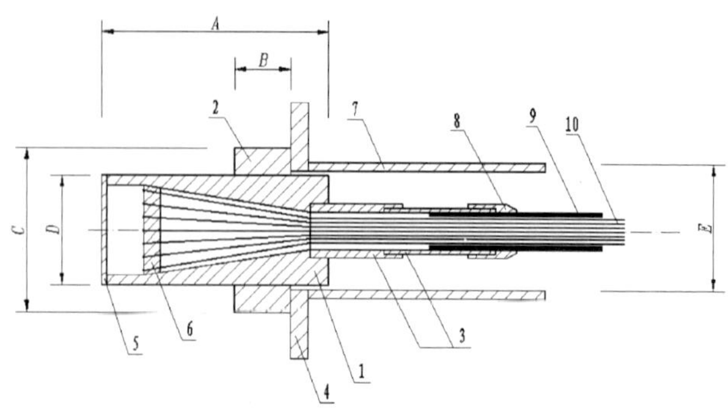

图 3-23　冷铸锚结构示意图

1—锚杯；2—锚圈；3—连接筒；4—锚下垫板；5—后盖；
6—分丝板；7—预留管道；8—前盖；9—聚乙烯护套；10—钢丝

和前盖的影响将会增大，此时计算长度的取值将有待进一步的研究。

3.4.1.4　振动信号的采集

在振动信号采集时，相关参数的设置和时机的选择也是很重要的。

（1）滤波频率、采样频率

滤波频率是根据吊杆的最大关心频率确定的。一般可以根据每根吊杆的张拉力初步计算它们的自振频率，取最大频率的 5 倍作为滤波频率，再根据采样实例，确定采样频率。如采样频率为 20Hz 时，滤波频率可以用 100Hz。本文试验取用采样频率为 200Hz。

（2）采样时间

利用环境振动作为激励源时，由于无法测量环境的振动信号，往往假设输入信号为零均值的白噪声。通常信号都不能完全满足各态历经性，为了使分析结果满足一定的置信度，必须选择合理的采样时间。由于吊杆的构造比较简单，振动信号一般都属于强平稳信号，所以采样时间不需要太长。通常采样时间可以选 10～20min，并采用平均技术提高统计精度，如果遇到信号噪声比较大时可适当延长采样时间。

（3）测量时机的确定

由于吊杆是整个桥梁结构中的一部分，结构容易受到温度的影响而发生变形，从而导致索力的改变，如果索力测量时不希望有温度的影响，必须选择适当的测量时机，一般取结构温度场局部温差较小时测量，如晚上后半夜或清晨。另外，为了使实际振动信号不受吊杆两端边界运动的影响，采用基于阵风激励下的吊杆振动信号比使用大地脉动或车辆激振效果好。

3.4.2 吊杆张力测定仪器

研究所用试验数据采集系统是北京振动和噪声技术研究所生产的 INV306 型智能信号采集处理分析系统。DASP（达世普）数据大容量自动采集与信号处理系统（Data Acquisition and Signal Processing System）是 INV303/306 型智能信号采集处理分析系统的一个重要大型软件包。

（1）传感器

压电式加速度传感器是一种常用的加速度计。它具有结构简单、体积小、重量轻、使用寿命长等优点。压电式传感器的工作原理是以某些物质的压电效应为基础的。这些物质在沿一定方向受到压力或拉力作用而发生变形时，具表面上会产生电荷；若将外力移去时，又重新回到不带电的状态，这种现象就称为压电效应。具有这种压电效应的物体称为压电材料或压电元件。在压电元件的受力变形形式中，常见的有厚度变形、长度变形、体积变形和厚度剪切变形 4 种。对应压电元件的以上 4 种变形方式，也相应地有 4 种结构形式的压电式传感器，但目前最常见的是基于厚度变形的压缩式和基于剪切变形的剪切式 2 种，相比较前者使用更为普遍。

试验中采用了北京东方振动和噪声技术研究所生产的 INV9818 型压电式加速度传感器，如图 3-24 所示，其有效工作范围是 0.1Hz～2kHz，可以保证测到全部吊杆的第 1～3 阶自振频率，传感器在测试时的安装情况参见图 3-25。

图 3-24　INV9818 型压电式加速度传感器

图 3-25　传感器的安装

（2）滤波放大器

电荷放大器是一个具有深度电容负反馈的高开环增益的运算放大器。它把压电类型传感器的高输出阻抗转变为低输出阻抗，把输入电荷量转变为输出电压量，把传感器的微弱信号放大到一个适当的规一化数值。主要应用于测量振动、冲击、压力等参数。

本试验采用北京东方振动和噪声技术研究所的 DLF—6 型四合一放大器，如图 3-26 所示，可以连接电荷和电压两种信号输入，同时具有放大、衰减、滤波、积分功能，集多种仪器于一体，灵巧方便。

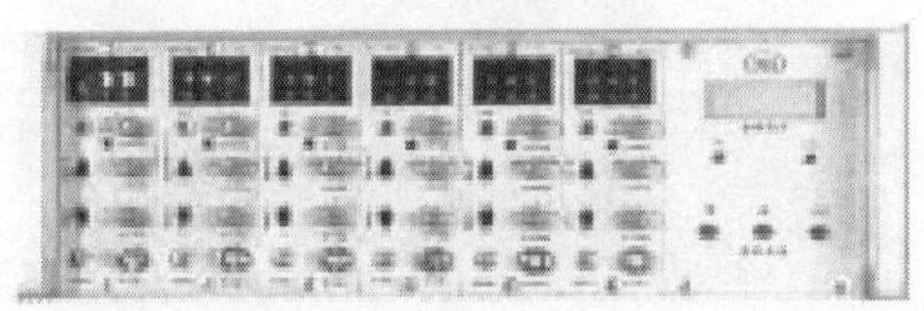

图 3-26 DLF—6 型四合一放大器

(3) 数据采集仪

本试验使用 INV306D (F) 盒式采集仪，如图 3-27 所示，具有 16 通道，并行口方式，可连笔记本计算机，又可连台式计算机，连接很方便，适用于现场野外使用。

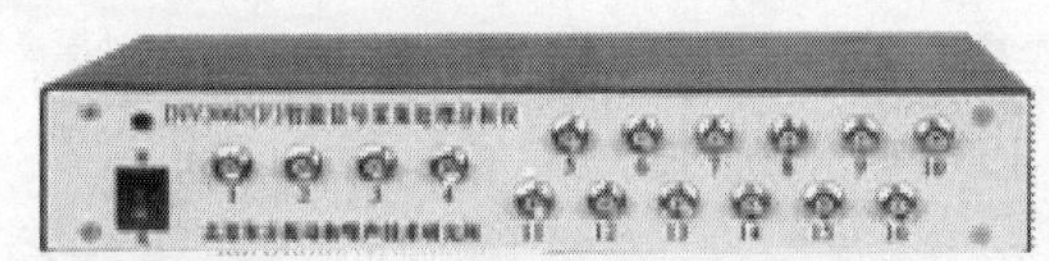

图 3-27 INV306D (F) 盒式采集仪

(4) 计算机和数据采集、分析软件

INV306 系统采用便携式配置，适用于野外和现场的测试。采用便携式计算机，数据采集和分析软件为 DASP 数据大容量自动采集与信号处理系统，如图 3-28 所示。

振动法测定吊杆张力的流程图如图 3-29 所示。

3.4.3 桥梁施工现场吊杆张力测定

为了验证本书所提出公式的正确性，以及该公式是否能够应用

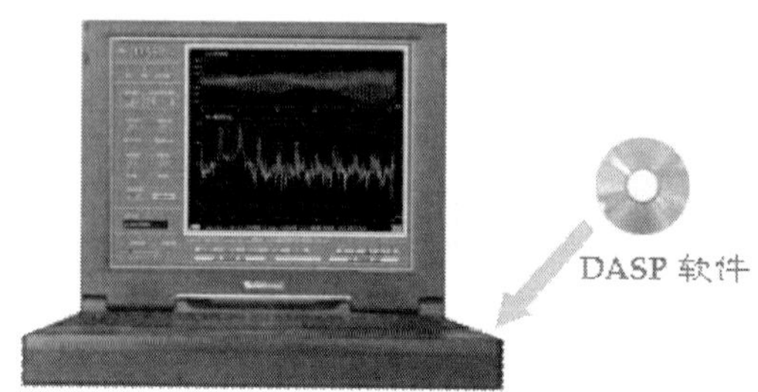

图 3-28 计算机和 DASP 软件

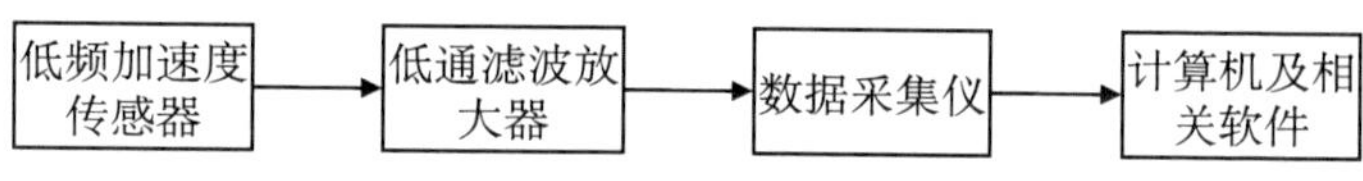

图 3-29 张力测定流程图

于桥梁现场，结合京港澳高速刘江大桥主桥的实际情况，在施工阶段进行了吊杆张力测试。图 3-30 为桥梁主体完工时的图片，图 3-31为单跨桥梁的正立面图。

图 3-30 京港澳高速刘江大桥主桥

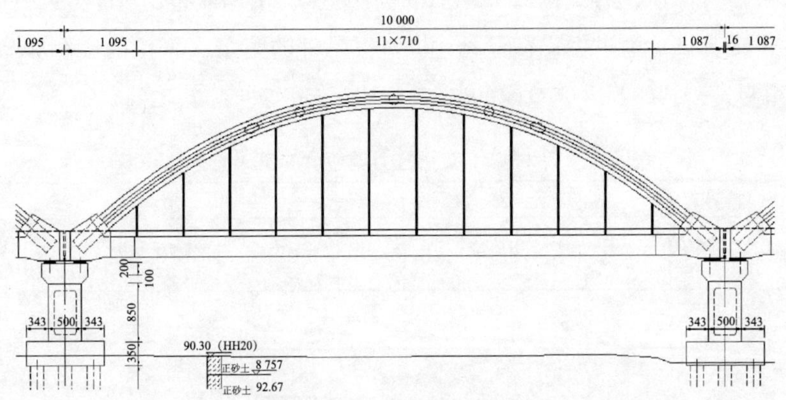

图 3-31　京港澳高速刘江大桥主桥单跨正立面图

主桥施工过程中，一共对吊杆进行了 3 次张拉力调整，分别为：①安装吊杆、进行吊杆第 1 次张拉力调整，并拆除系杆梁临时支架，形成系杆拱；②在完成第 3 次系杆梁部分预应力张拉，并安装完桥面板后，进行吊杆第 2 次张拉力调整；③在现浇桥面混凝土、安装桥面防撞护栏后，进行吊杆第 3 次张拉力调整，使桥面标高达到设计要求。单幅拱全部吊杆的张拉以拱顶为对称轴，两侧吊杆对称进行，张拉顺序为：4（4′）→1（1′）→6（6′）→3（3′）→5（5′）→2（2′）。

现场测试时，采样频率设为 200Hz，记录时间为 15min，抗混滤波器的低通滤波频率设为 100Hz，传感器布置在人手可及的高度上，激励为外部环境随机激励。频率提取采用峰值法，即通过拾取正则化功率谱的峰值得到吊杆的第 1 阶频率。

在吊杆进行第 1 次张拉时，在每根吊杆完成张拉后，立即进行振动信号采集，由于当前采集信号的吊杆张拉的目标值为设计理论值，而且没有受到相邻吊杆张拉的影响，可以将设计张拉值作为测定的对比值。为了保证测试的准确性，对相同型号的吊杆均进行了多次测试。通过振动信号处理，6 根吊杆的第 1 次张拉的实测频率值列于表 3 - 5 中，对应的频谱图为图 3 - 32～图 3 - 37。

表 3 - 5　吊杆第 1 次张拉力调整后的第 1 阶振动频率

索号	1	2	3	4	5	6
频率值/Hz	2.929 7	3.025 6	3.320 3	4.031 6	5.078 1	7.945 2

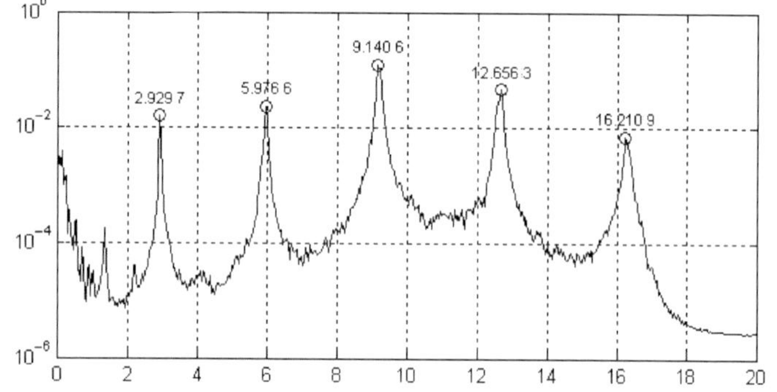

图 3 - 32　1 号吊杆第 1 次张拉实测频谱图

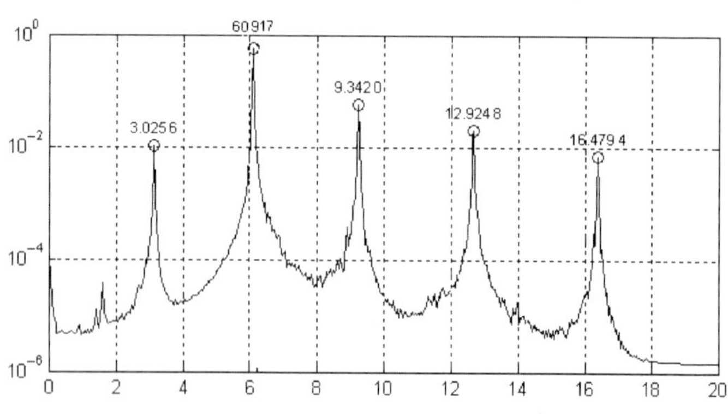

图 3 - 33　2 号吊杆第 1 次张拉实测频谱图

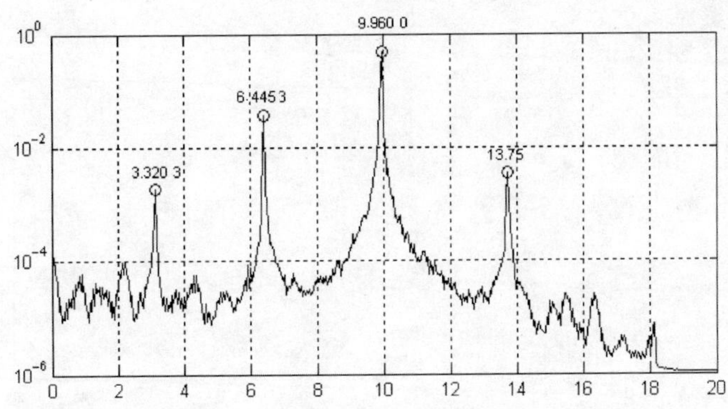

图 3-34 3 号吊杆第 1 次张拉实测频谱图

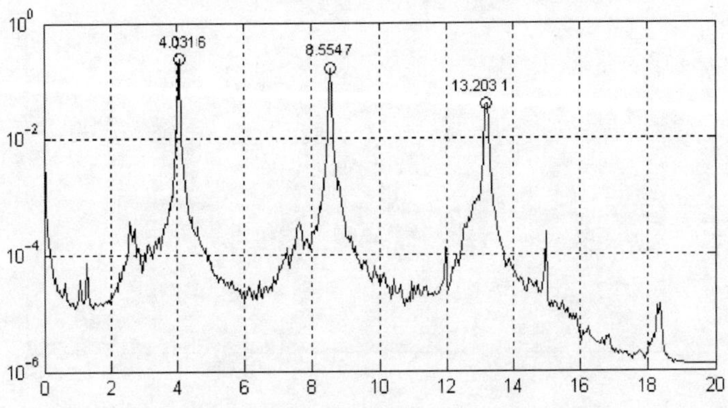

图 3-35 4 号吊杆第 1 次张拉实测频谱图

利用 6 根吊杆实测的第 1 阶振动频率，由本章导出的实用张力计算公式，可以得到第 1 次吊杆张拉的实测张拉力，如表 3-6 所示。在表 3-6 中，列出了 6 根吊杆的张力设计值和实测值及两者之间的相对误差，图 3-38 中将 6 根吊杆的张力设计值和实测值进行了对比。

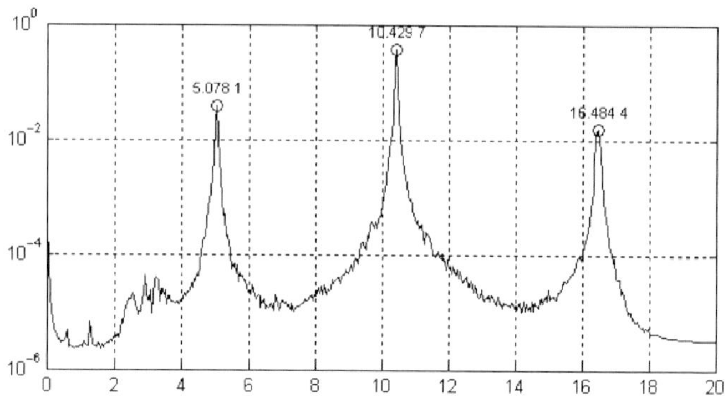

图 3-36　5 号吊杆第 1 次张拉实测频谱图

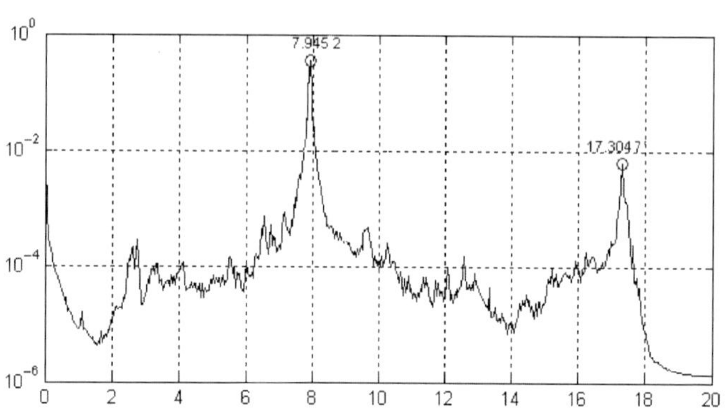

图 3-37　6 号吊杆第 1 次张拉实测频谱图

表 3-6　吊杆第 1 次张拉力调整值

索号	设计值/kN	实测值/kN	相对误差/%	实际 ξ 值
1	500	507.31	1.5	35.9
2	500	498.48	−0.3	34.2
3	500	505.21	1.0	31.8
4	550	558.65	1.6	29.1
5	550	544.27	−1.0	23.0
6	550	557.00	1.3	15.9

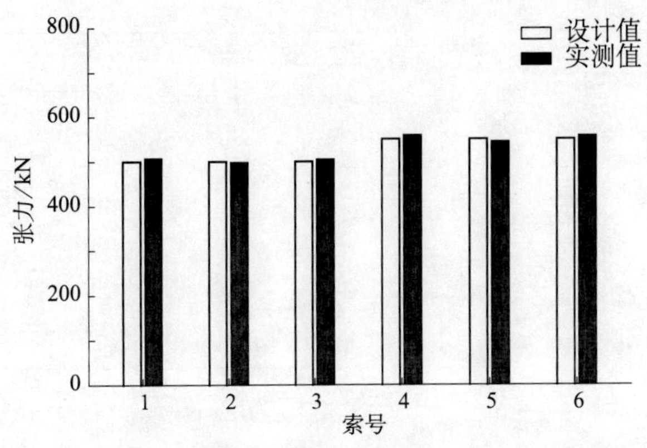

图 3-38　吊杆第 1 次张拉力设计值和实测值对比图

通过图表对比可以看出，6 根吊杆的实测张拉力与设计理论值的误差均较小，一方面验证了所提出实用公式的可靠性；另一方面也证明了现场施工时，吊杆张拉的准确度较高。

在主桥 214 跨的下游桥 2 片拱肋完成第 2 次吊杆张拉力调整后，对下游幅的全部 12 根吊杆进行张力测试。通过提取频率，12 根吊杆中对称两两相等，这表明试验测得的频率值是可信的，6 根吊杆的第 2 次张拉的实测频率值列于表 3-7 中，对应的频谱图为图 3-39～图 3-44。

表 3-7　吊杆第 2 次张拉力调整后的第 1 阶振动频率

索号	1	2	3	4	5	6
频率值/Hz	4.140 6	4.531 3	4.921 9	5.429 7	7.070 3	9.960 9

利用 6 根吊杆实测的第 1 阶振动频率，由本书导出的实用张力计算公式，可以得到第 2 次张拉的实测张拉力，如表 3-8 所示。在表 3-8中，列出了 6 根吊杆的张力设计值和实测值及两者之间的误差，图 3-45 中将 6 根吊杆的张力设计值和实测值进行了对比。

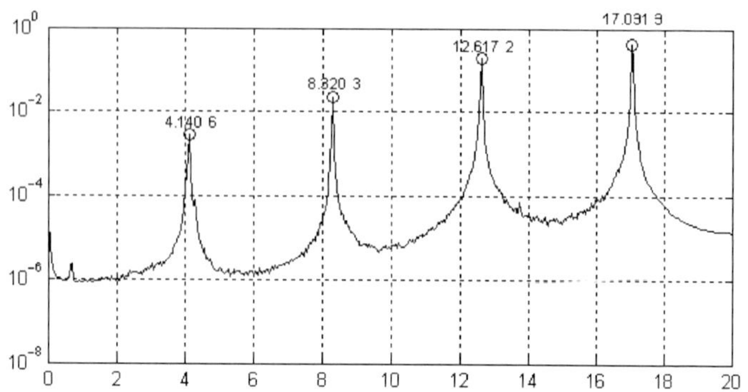

图 3-39　1 号吊杆第 2 次张拉实测频谱图

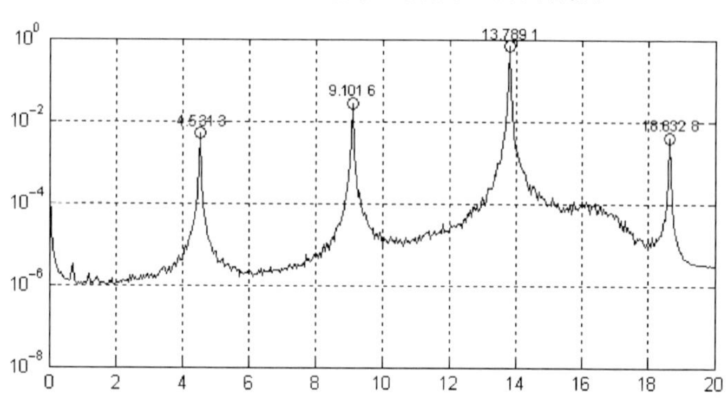

图 3-40　2 号吊杆第 2 次张拉实测频谱图

表 3-8　吊杆第 2 次张拉力调整值

索号	设计值/kN	实测值/kN	相对误差/%	实际 ξ 值
1	1 150	1 053.4	−8.4	51.7
2	1 150	1 171	1.8	52.4
3	1 150	1 166.1	1.4	48.3
4	1 150	1 058.1	−8.0	40.1
5	1 100	1 122.4	2.0	33.1
6	920	952.25	3.5	20.8

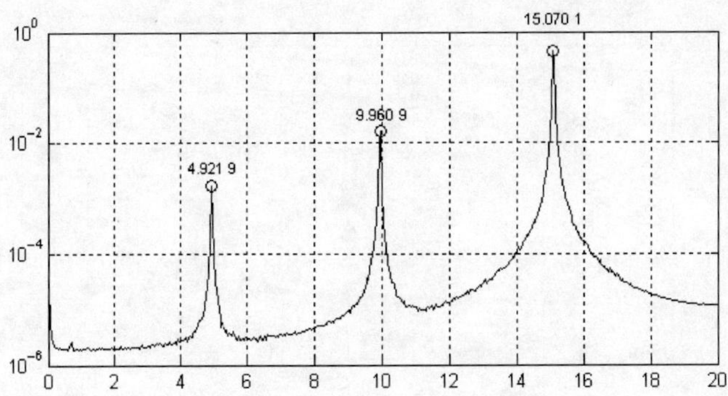

图 3-41　3 号吊杆第 2 次张拉实测频谱图

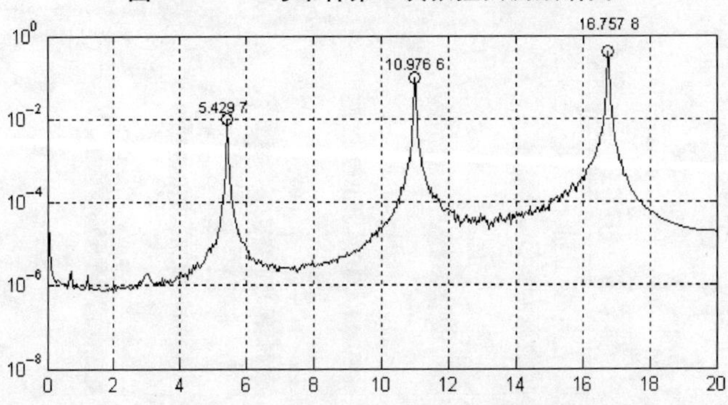

图 3-42　4 号吊杆第 2 次张拉实测频谱图

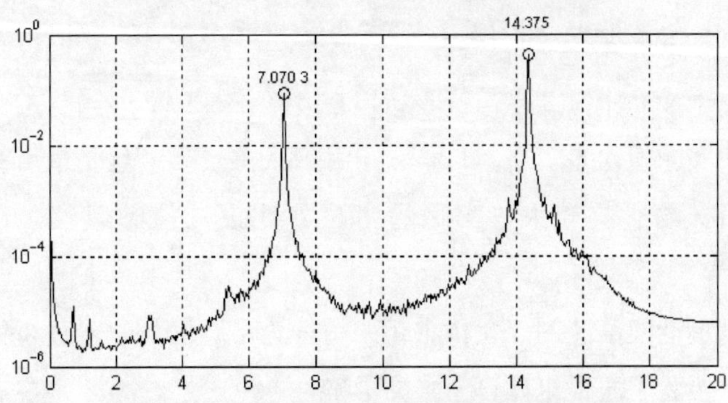

图 3-43　5 号吊杆第 2 次张拉实测频谱图

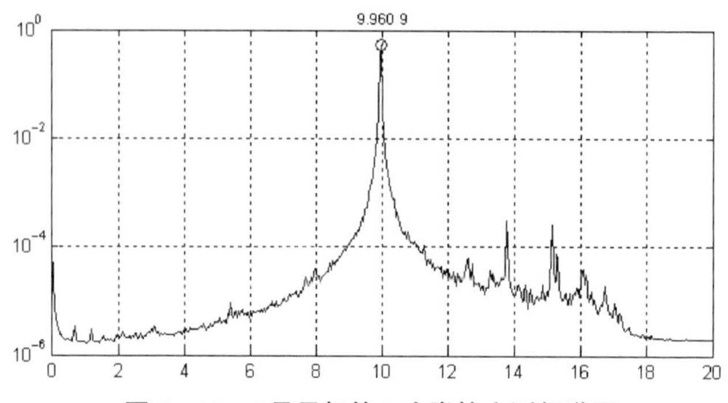

图 3-44　6 号吊杆第 2 次张拉实测频谱图

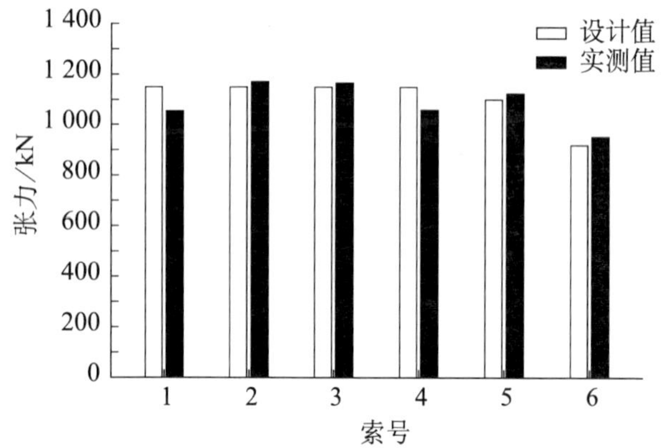

图 3-45　吊杆第 2 次张拉力设计值和实测值对比图

由于最后张拉 2 号吊杆，所以在 6 根吊杆中 2 号吊杆的张力设计值和实测值误差较小。1 号吊杆由于张拉较早，且受最后张拉的几根吊杆的影响较大，实测的张拉力比设计值卸载较多，误差达 8.4%。

以京港澳高速刘江大桥主桥的吊杆为工程实例，通过桥梁现场实测，检验了所提出计算公式的准确性。

3.5 本章小结

对中、下承式拱桥，吊杆张力对于全桥的受力状态具有较大的影响；在桥梁服役期间，吊杆张力是桥梁结构健康状态的重要指标。所以，准确测定吊杆的张力是至关重要的。本章对基于振动法的由吊杆振动频率计算吊杆张力的计算公式进行了深入研究，推导给出了既考虑吊杆弯曲刚度和吊杆两端边界条件，又考虑拱肋、系梁减振作用和附加质量影响的由吊杆振动频率计算吊杆张力的实用计算公式，通过桥梁现场试验，验证了吊杆张力实用计算公式的准确性和可行性。主要研究结果如下：

当采用第1阶频率时，吊杆横向振动频率与吊杆张力间关系式为

$$T=\begin{cases}4m(f_1L)^2\left[0.828\,555-10.505\,25\left(\dfrac{C}{f_1}\right)^2\right] & 0<\xi\leqslant 10\\ 4m(f_1L)^2\left[0.889\,308-12.902\,88\left(\dfrac{C}{f_1}\right)^2\right] & 10<\xi\leqslant 20\\ 4m(f_1L)^2\left[0.951\,357-22.889\,22\left(\dfrac{C}{f_1}\right)^2\right] & 20<\xi\leqslant 60\\ 4m(f_1L)^2\left[0.976\,667-45.924\,86\left(\dfrac{C}{f_1}\right)^2\right] & 60<\xi\leqslant 100\\ 4m(f_1L)^2\left[0.993\,226-124.094\,6\left(\dfrac{C}{f_1}\right)^2\right] & 100<\xi\leqslant 600\end{cases}$$

当采用第2阶频率时，吊杆横向振动频率与吊杆张力间关系式为

$$T=\begin{cases}4m(f_2L)^2\left[0.221\,862-21.375\,16\left(\dfrac{C}{f_2}\right)^2\right] & 0<\xi\leqslant 20\\ 4m(f_2L)^2\left[0.237\,023-29.292\,24\left(\dfrac{C}{f_2}\right)^2\right] & 20<\xi\leqslant 60\\ 4m(f_2L)^2\left[0.243\,76-50.332\,05\left(\dfrac{C}{f_2}\right)^2\right] & 60<\xi\leqslant 100\\ 4m(f_2L)^2\left[0.247\,957-98.141\,91\left(\dfrac{C}{f_2}\right)^2\right] & 100<\xi\leqslant 600\end{cases}$$

当采用第3阶频率时，吊杆横向振动频率与吊杆张力间关系式为

$$T=\begin{cases}4m(f_3L)^2\left[0.103\,094-38.172\,56\left(\dfrac{C}{f_3}\right)^2\right] & 0<\xi\leqslant 40\\ 4m(f_3L)^2\left[0.106\,932-50.667\,15\left(\dfrac{C}{f_3}\right)^2\right] & 40<\xi\leqslant 60\\ 4m(f_3L)^2\left[0.108\,361-63.480\,87\left(\dfrac{C}{f_3}\right)^2\right] & 60<\xi\leqslant 100\\ 4m(f_3L)^2\left[0.110\,205-111.233\,5\left(\dfrac{C}{f_3}\right)^2\right] & 100<\xi\leqslant 600\end{cases}$$

当采用第4阶频率时，吊杆横向振动频率与吊杆张力间关系式为

$$T=\begin{cases}4m(f_4L)^2\left[0.058\,577-59.267\,91\left(\dfrac{C}{f_4}\right)^2\right] & 0<\xi\leqslant 45\\ 4m(f_4L)^2\left[0.060\,328-71.043\,31\left(\dfrac{C}{f_4}\right)^2\right] & 45<\xi\leqslant 60\\ 4m(f_4L)^2\left[0.060\,972-81.891\,44\left(\dfrac{C}{f_4}\right)^2\right] & 60<\xi\leqslant 100\\ 4m(f_4L)^2\left[0.061\,992-129.201\,9\left(\dfrac{C}{f_4}\right)^2\right] & 100<\xi\leqslant 600\end{cases}$$

4 京港澳高速刘江大桥运行环境下的振动测试

4.1 环境振动下的系统识别

4.1.1 引言

系统识别原本是控制理论研究的课题，近年来在工程应用领域受到越来越广泛的关注。在土木工程领域，将桥梁、海洋平台、大坝和高层建筑等工程结构视为“系统”，“识别”则意味着由静力、动力实验数据求得结构的静力、动力特性（频率、振型和阻尼比）。这些实测的结构静力、动力特性可作为结构有限元模型修正、结构损伤检测、结构状态评定、结构控制和结构实时监测的基础。

系统识别的基本原理是建立在已知系统的输出和输入来求得频率响应函数（频域）或脉冲响应函数（时域），从而实现对系统特性的识别。对土木工程结构而言，结构振动响应（输出）可以由安置在结构各部位的传感器采集得到，然而，大型复杂结构在工作环境条件下的激励（输入）却并不容易测量。虽然有一些专用激振设备和相应输入、输出测试装置，但现场实验条件、结构的复杂性和实测数据质量等因素往往限制了这类专用激振设备的使用。一些重型激振装置往往很贵，势必增加结构检测和系统识别的成本，而且用这种激振方法时必须关闭桥梁或线路，这对交通繁忙的桥梁结构带来诸多不便。但用环境激励引起的振动对结构系统进行识别具有显著的优点：无须贵重的激励设备，不中断结构的正常使用，方便省时，只需测定结构响应数据等，已成为土木工程结构系统识别中十分活跃的课题。由于此时仅仅有环境振动响应的输出数据，而真正的输入情况是不知道的，因此，系统识别过程是只知输出的系统识别，需要应用一些特殊的识别技术。另外，环境振动响应一般振动幅值都很小，随机性很强，噪声影响和数据量很大等。目前常用的一些环境振动系统识别方法有：基于功率谱密度的峰值法、基于离散时间数据的 ARMA 模型、自然激励技术（NEXT）和随机子空间法等。

本章进行了京港澳高速刘江大桥主桥在工作条件下的环境振动试验，采用频域识别的峰值法（PP）和时域识别的随机子空间方法（SSI）分析京港澳高速刘江大桥主桥的动力特性，并对计算结果进行比较。

4.1.2 环境振动系统识别方法

由于输入无法测得，因此仅由环境振动响应数据无法估算系统的频率响应函数或脉冲响应函数。这里采用两种基于环境振动响应对系统进行识别的方法，一种是较为简单的频域识别的峰值法，虽然此法在理论上有些不足，但却非常实用、简单和快捷；另一种是较先进的时域识别的随机子空间法，识别精度较高，可以弥补第一种方法的不足，能够判别和删除虚假模态，但较费时。

(1) 峰值法

峰值法是一种简单的识别结构模态参数的方法，最初是基于结构自振频率在其频率响应函数上会出现峰值，能通过峰值较好地估计结构的特征频率。对于环境振动，频率响应函数已失去意义，用环境振动响应的自谱来取代频率响应函数，此时，特征频率仅由平均正则化了的功率谱密度（ANPSDs）曲线上的峰值来确定，故称为峰值法。功率谱密度是用离散傅里叶变换（DFT）将实测加速度数据转换到频域后直接求得。振型分量由传递函数在特征频率处的值确定。值得注意的是，对环境振动试验，传递函数并非响应与输入的比值，因为此时输入是未知的，而是所测响应相对于参考点响应的比值。因此，每一传递函数相对于参考点就会给出一个振型分量。这里假定结构共振时的动力响应仅仅由一种模态决定的，如果模态可以很好地分离且阻尼较低，这种假定是合适的。峰值法是一种频域识别方法，计算简单且处理速度快。但是频域识别算法采用均值处理而忽略了一些细节，因此，峰值法也存在不足：①峰值的摄取往往是主观的；②峰值法得到的是工作挠曲形状而不是振型；③仅限于实模态和比例阻尼结构；④阻尼估计结果可信度不高。尽管存在以上不足，但因为峰值法简便实用，被广泛应用于实际工程。

(2) 随机子空间识别方法（SSI）

结构系统可以由控制方程描述：

$$M\ddot{U}(t)+C\dot{U}(t)+KU(t)=F(t) \tag{4-1}$$

以上二阶控制微分方程可以用很多方法将其转化成为一阶微分方程的形式，其中最常见的就是状态方程表示：

$$\dot{x}(t) = A_c x(t) + B_c u(t) \tag{4-2}$$

式中，$\dot{x}(t) = [U(t), \dot{U}(t)]^T$ ，是状态矢量。

状态矩阵 A_c 和影响系数矩阵 B_c 定义为

$$A_c = \begin{bmatrix} 0 & I \\ -M^{-1}K & -M^{-1}C \end{bmatrix}, B_c = \begin{bmatrix} 0 & \\ M^{-1} & B_2 \end{bmatrix}, F(t) = B_2 u(t) \tag{4-3}$$

另外，系统的输出矢量可以写成系统状态的线性组合形式：

$$y(t) = Cx(t) + Du(t) \tag{4-4}$$

方程（4-2）和方程（4-4）构成了一个动力学系统的连续时间状态空间模型，显然这是不实用的，因为实测数据总是离散的，采样时间和噪声总是影响着实测数据。一个动力学系统离散时间状态空间模型为

$$x_{k+1} = Ax_k + Bu_k \tag{4-5a}$$

$$y_k = Cx_k + Du_k \tag{4-5b}$$

式中，$x_k = x(k\Delta t)$ ，是离散的时间状态矢量；$A = \exp(A_c \Delta t)$ 是离散的状态矩阵；$B = [A - I]A_c^{-1}B_c$ 是离散的输入矩阵。

在实测中总是存在着系统的不确定性，即随机分量（噪声），如果将系统的不确定性分成过程噪声 w_k 和测量噪声 v_k ，则方程（4-5）可以写成离散时间随机状态空间模型的形式：

$$x_{k+1} = Ax_k + Bu_k + w_k \tag{4-6a}$$

$$y_k = Cx_k + Du_k + v_k \tag{4-6b}$$

实际上很难准确确定各自的过程噪声和测量噪声的特性，因此需要引入下列假定，即假设过程噪声 w_k 和测量噪声 v_k 为零均值的白噪声，且协方差矩阵满足：

$$E\left[\begin{bmatrix} w_p \\ v_p \end{bmatrix}\begin{bmatrix} w_q^T & v_q^T \end{bmatrix}\right] = \begin{bmatrix} Q & S \\ S^T & R \end{bmatrix}\delta_{pq} \tag{4-7}$$

现在回到本问题：在环境振动试验时，输入 u_k 没有测得，因而在式（4-6）中不含该项：

$$x_{k+1} = Ax_k + w_k \tag{4-8a}$$

$$y_k = Cx_k + v_k \tag{4-8b}$$

可见，此时隐含着输入被噪声项 w_k 、v_k 替代，但白噪声假定一定不能省略。方程（4-8）是环境振动时域内系统识别的基本方程，用方程（4-8）实现环境振动系统识别的算法很多，其中随机子空间识别算法是目前较为先进的方法。随机子空间方法采用最有效的数学工具，如矩阵的 QR 分解和奇异值分解（SVD）以及最小二乘等，来识别系统状态矩阵。QR 分解可导致大量的数据减缩，而 SVD 则被用于剔除噪声（噪声用高阶的奇异值来表示）。一旦确定结构系统的数学描述（状态空间模型），便可用特征值分解直接确定结构的模态参数。

随机子空间方法的核心是把“将来”（future）输出的行空间投影到“过去”（past）输出的行空间上，投影的结果是保留了“过去”的全部信息，并用此预测“将来”。显然随机子空间识别直接作用于时域数据（data driven），而不是协方差（covariance driven），因此避免了计算显式的协方差矩阵，即不必将时域数据转换成相关函数或谱。同所有仅由输出数据进行系统识别的方法一样，因为没有输入数据，随机子空间识别也不可能得到绝对尺度的振型（即质量正规化的振型）。

4.2 京港澳高速刘江大桥环境振动试验

为了对京港澳高速刘江大桥的健康状态进行检测评估，我们于2008年1月15日对京港澳高速刘江大桥进行了正常通行情况下的现场试验，图4-1为现场试验照片。

图4-1 黄河二桥试验现场照片

4.2.1 测试仪器

京港澳高速刘江大桥主桥环境振动测试所用传感器采用中国地震局工程力学研究所生产的891—4型拾震器，可以根据需要测定测点的加速度、速度或位移参量，如图4-2所示。测试现场如图4-3～图4-4所示。桥梁振动信号通过信号线、放大器和USB口连接到笔记本电脑，用动力数据测试系统进行采集和记录，如图4-5所示。

图 4-2 891—4 型拾振器

图 4-3 检测桥面竖向振动

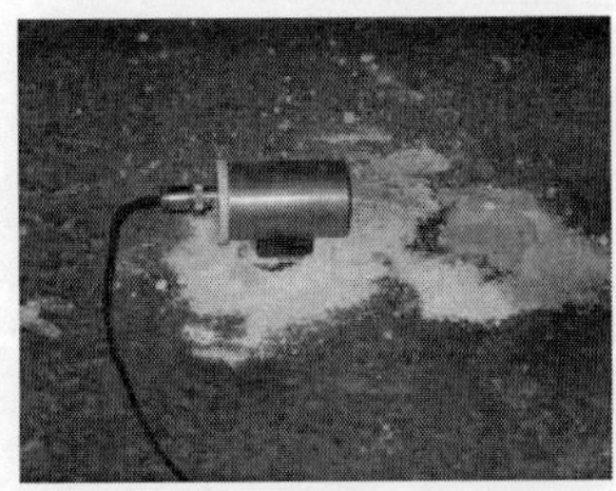

图 4-4 检测桥面横向振动

图 4-5 数据采集

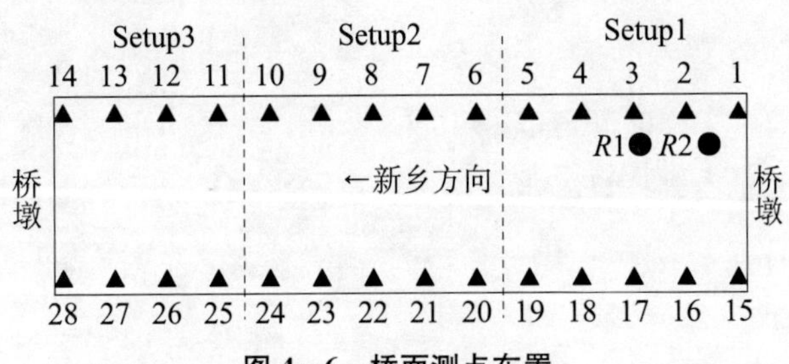

图 4-6 桥面测点布置

4.2.2 测点布置

根据京港澳高速刘江大桥主桥主桥共有 8 跨，且上下行分离，相当于由 16 座简支下承式钢管混凝土拱桥组成，它们除坡度不同外，其他尺寸均相同。为此，选取其中郑州至新乡方向第 6 跨进行动力测试和分析。在拱脚支座和刚性系杆上每根吊杆的位置布置加速度传感器，在测点 2、3 位置处设置参照点。上图从测点 1-14 由南向北为郑州至新乡方向，所测桥跨为从郑州至新乡方向第六跨。

4.2.3 测试过程

（1）采样程序

由于受传感器数量限制，具体测试将大桥按纵向长度分为三步，每次测试一步，每步竖向和水平测两次，采样频率为 128HZ 和 64HZ，整个测试过程中，两个参照点一直保持不动。

（2）采样时间

利用环境振动作为激励源时，由于无法测量环境振动信号，往往假设输入信号为零均值的白噪声。通常信号都不能完全满足各态历经性，为了使分析结果满足一定的置信度，必须选择合理的采样时间。通常采样时间可以选 10～20min，并采用平均技术提高统计精度，如果遇到信号噪声比较大时可适当延长采样时间。本次测试的采样时间取 720s。图 4－7～图 4－8 为 2、3 测点的加速度时程图。

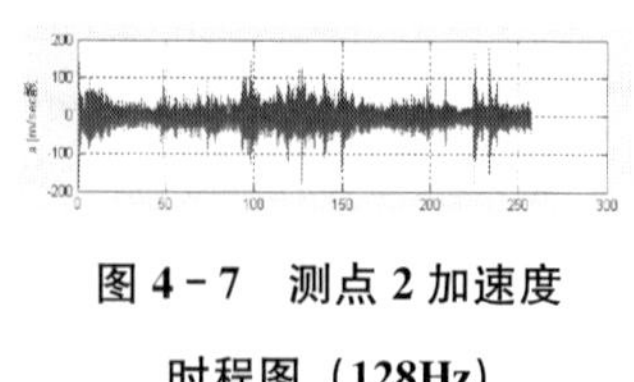

图 4－7 测点 2 加速度时程图（128Hz）

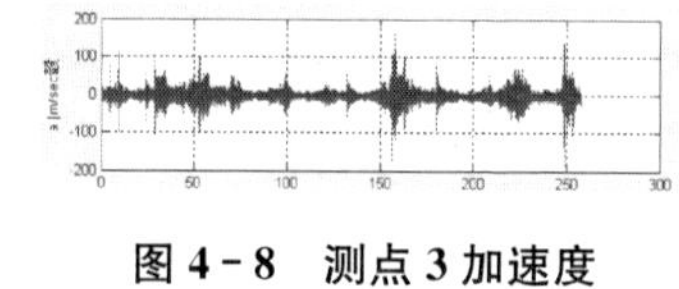

图 4－8 测点 3 加速度时程图（128Hz）

4.2.4 测试结果

分别用频域识别的峰值法和时域识别的随机子空间法对测试信号进行分析。表 4－1 为实测桥梁动力特性与数值模拟值的比较，图 4－9、图 4－11、图 4－13、图 4－15 为峰值法分析得到的加速度响应功率谱密度，图 4－10、图 4－12、图 4－14、图 4－16 为随机子空间法分析得到的加速度响应振动稳定图。图 4－17～图 4－20 分别为利用随机子空间法（SSI）所得到的：竖向 1 阶，竖向 2 阶，扭转 1 阶和桥面横向 1 阶振型图。

表 4－1 京港澳高速刘江大桥动力特性及比较

振型	阶次	频率/Hz				
		计算值	SSI	误差/%	PP	误差/%
横向	1	1.058 7	0.95	−10.26 7	0.967	−8.662
	2	2.246 2	2.185	−2.72 5	2.198	−2.146
	3	4.416 1	4.356	−1.361	4.353	−1.429
	4	4.529 1	4.864	7.394 4	4.806	6.113 8
	5	6.347 2	7.055	11.151 4	6.94	9.339 6
竖向	1	2.569 1	2.36	−8.139	2.563	−0.237
	2	2.685 2	2.669	−0.603	2.667	−0.678
	3	5.381 0	6	11.503 4	6	11.503 4
扭转	1	3.844 1	3.128	−18.629	3.054	−20.554
	2	4.168 4	3.599	−13.66	3.472	−16.707
面横向	1	4.915 9	5.129	4.334 9	5.331	8.444

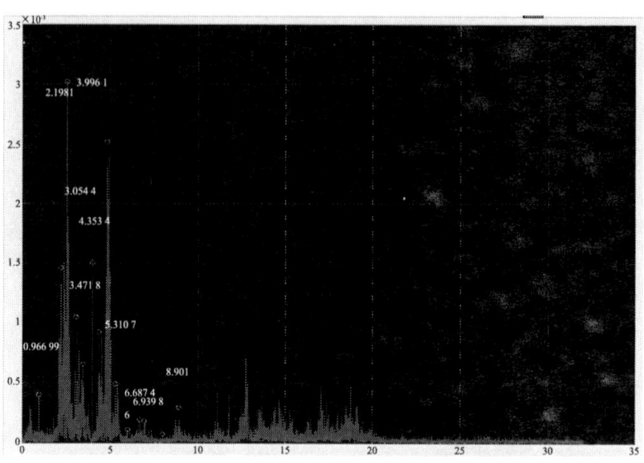

图 4-9 竖向加速度响应功率谱密度（128Hz）

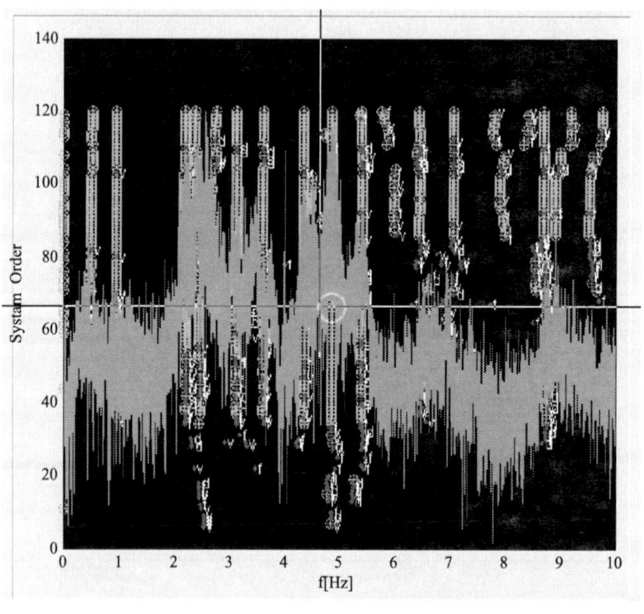

图 4-10 竖向加速度响应振动稳定图（128Hz）

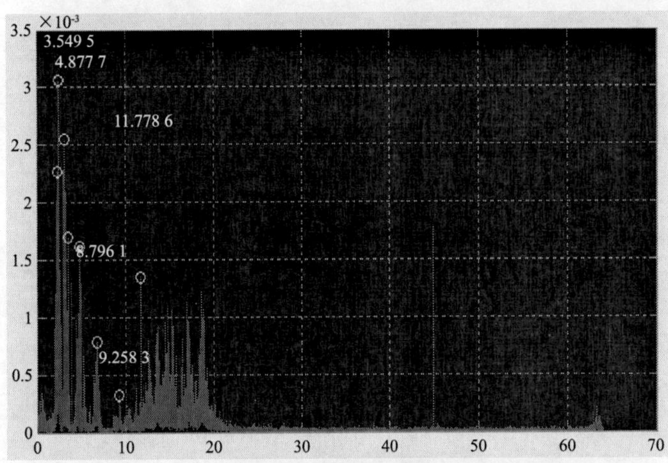

图 4-11　竖向加速度响应功率谱密度（64Hz）

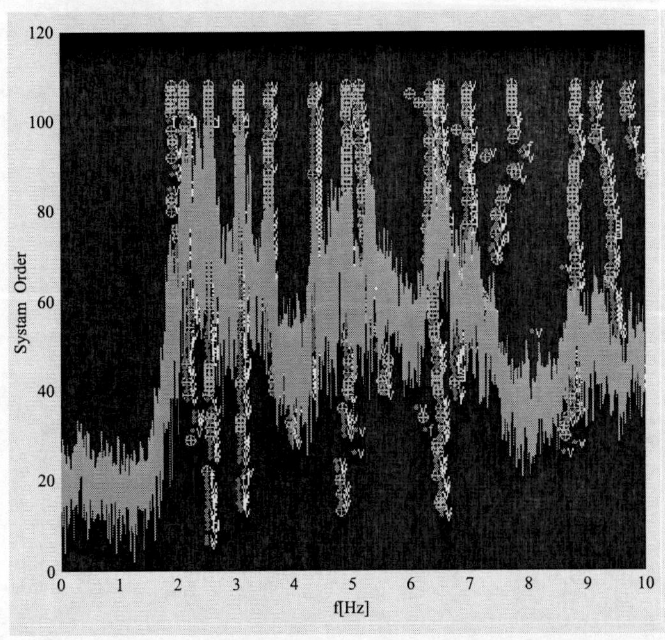

图 4-12　竖向加速度响应振动稳定图（64Hz）

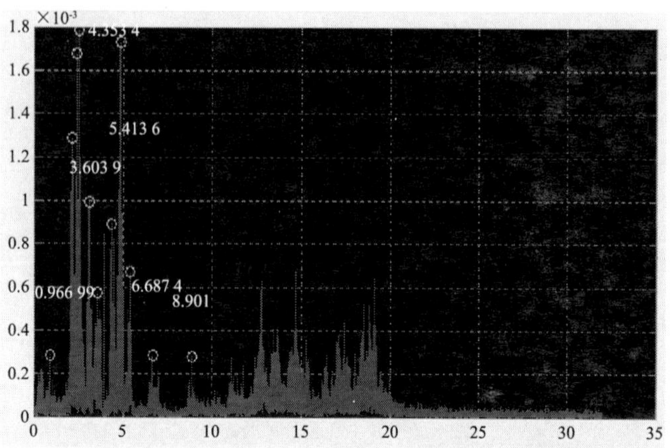

图 4-13　横向加速度响应功率谱密度（128Hz）

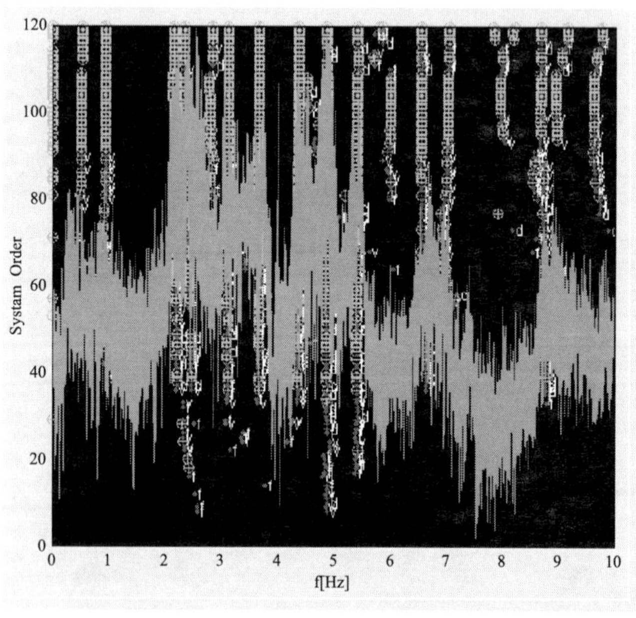

图 4-14　横向加速度响应振动稳定图（128Hz）

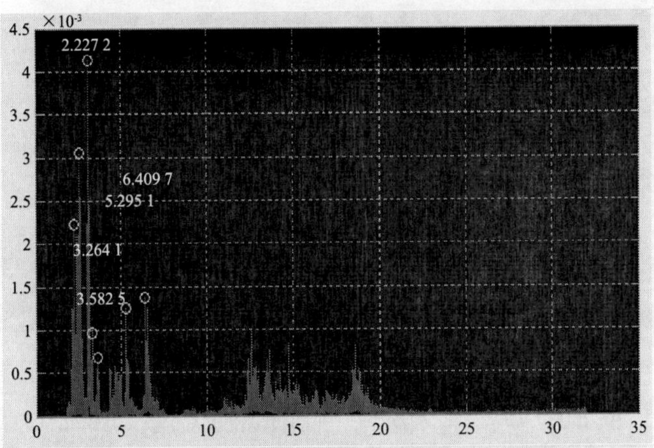

图 4-15 横向加速度响应功率谱密度（64Hz）

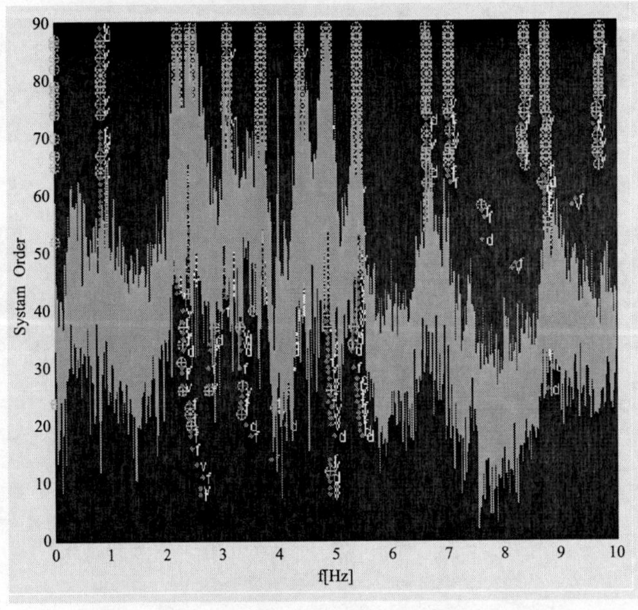

图 4-16 横向加速度响应振动稳定图（64Hz）

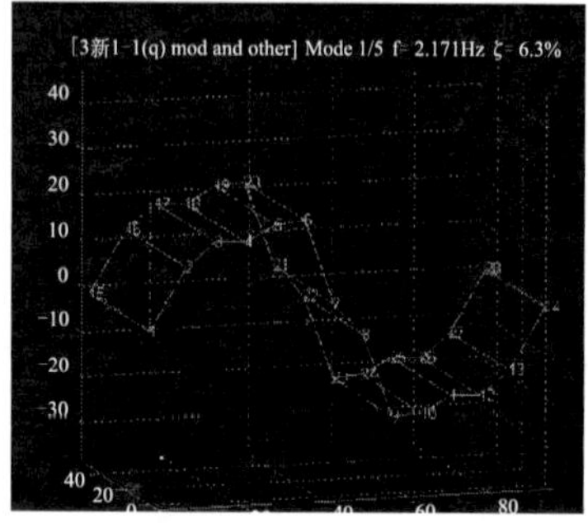

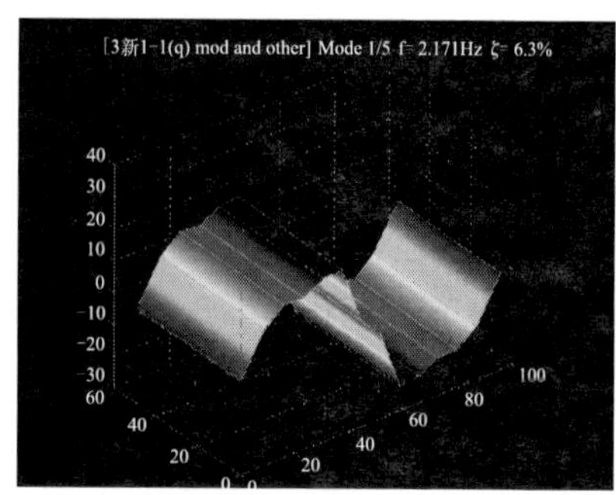

图 4-17　竖向 1 阶振型

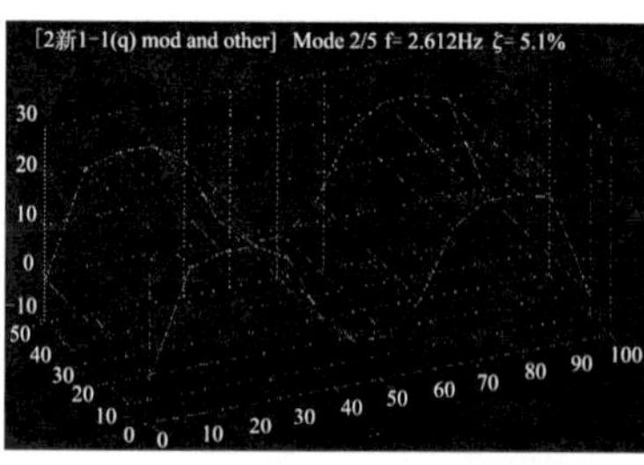

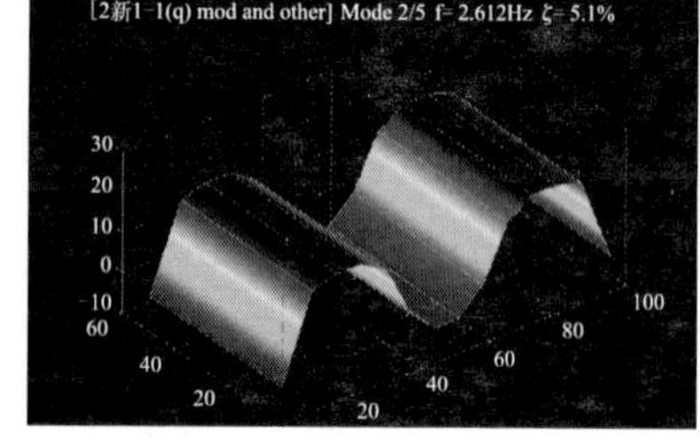

图 4-18　竖向 2 阶振型

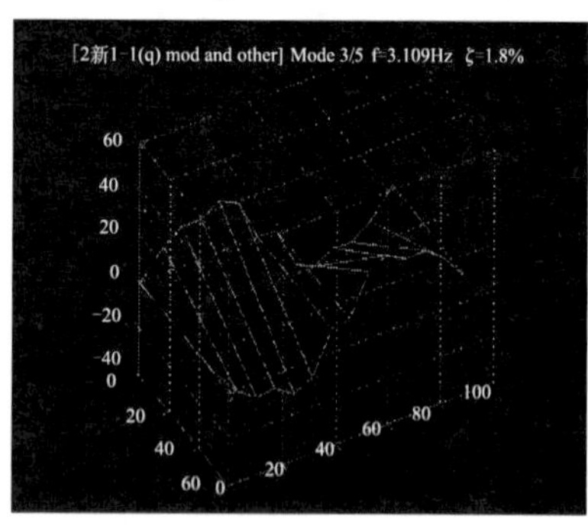

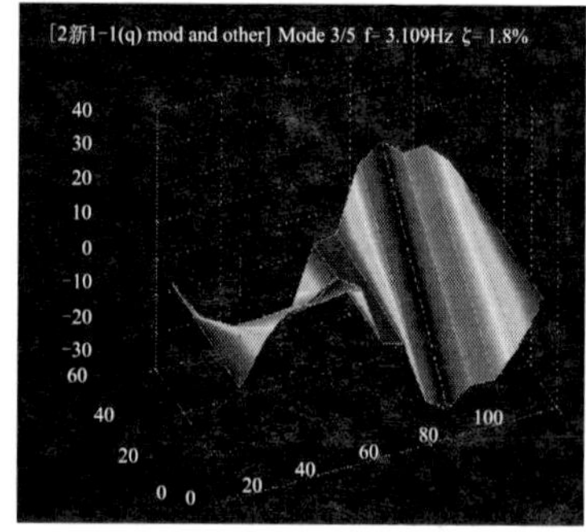

图 4-19　1 阶扭转振型

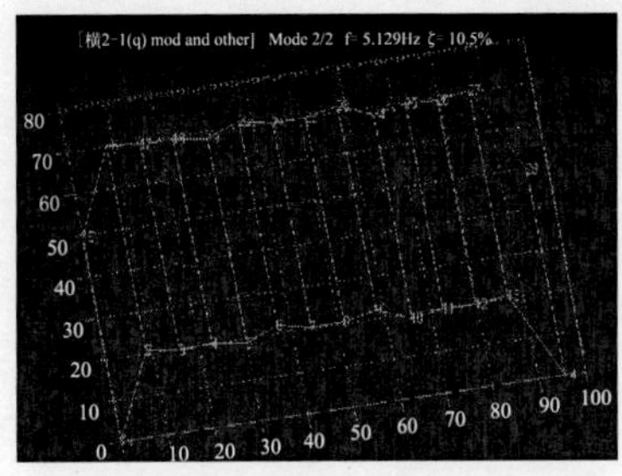

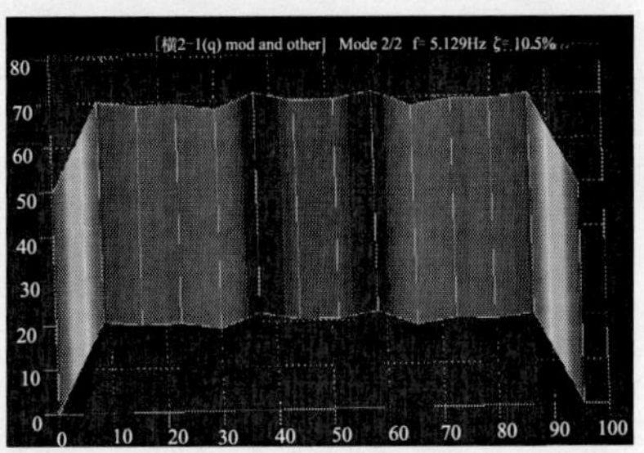

图 4-20 桥面横向 1 阶振型

4.2.5 试验结果分析

如第 2 章所述：竖向二阶与桥面横向振动对吊杆的损伤比较敏感，京港澳高速刘江大桥结构竖向二阶、桥面横向振动自振频率计算值与实测值分别相差－0.603％和 4.334 9％，将图 4-16～图 4-19 结构实测振型与第 3 章分析所得结构理论振型进行对比可以得出：全桥结构振动实测振型与理论振型基本相似，并无较大区别，由此可初步推知京港澳高速刘江大桥主桥整体结构基本处于完好状态，没有较大损伤出现。

4.3 本章小结

通过在正常运营环境下对京港澳高速刘江大桥主桥进行动力测试和分析，得出结论如下：

1）在不中断正常交通情况下所进行的环境振动试验是成功的，所得京港澳高速刘江大桥自振频率实测值真实反映了当前桥梁的整体情况；

2）京港澳高速刘江大桥整体结构处于安全状态；

3）结构扭转频率的实测值仍与计算值有一些误差，可能为部分吊杆承载能力下降所造成的，从安全角度考虑，需进一步对全桥吊杆的索力进行检测。

5　京港澳高速刘江大桥主桥吊杆张力测试

5.1　吊杆索力测试

吊杆是钢管混凝土拱桥的主要传力构件和桥梁结构损伤的敏感元件，活载和桥面系恒载均由吊杆传递到主拱，同时吊杆拉力的变化又会引起结构内力重分配及结构线形变化。所以在京港澳高速刘江大桥主桥动力性能测试的基础上，对吊杆索力也进行了测试，监测目的如下：

1）通过测定吊杆索力，获得当前吊杆的张力分布，与吊杆张力设计值进行比较，掌握吊杆张力的变化，对吊杆的工作状态进行评价，进而判定吊杆是否存在损伤及损伤程度，为结构安全运营提供保障。

2）为京港澳高速刘江大桥主桥的后期健康检测提供基础数据。

5.1.1　吊杆索力测试方法

吊杆索力的测定有直接法和间接法两种。直接法采用千斤顶压力表或压力传感器直接测定，常用于施工过程中的吊杆张力控制；间接法常用振动频率法测定，通过测定吊杆的振动频率，由吊杆的振动频率与吊杆张力之间的关系计算吊杆索力。实际测试时可采用人工激励或环境激励，目前通常采用环境随机振动法测定拉索索力，它不需要对吊杆进行人工激振，只是利用风、桥面振动等环境随机激振源对吊杆进行激振，通过加速度传感器采集拉索的随机振动信号，利用频谱分析仪器对振动信号进行频谱分析，得到吊杆的前几阶自振频率。这种方法无须昂贵的激振装置，也不影响结构的正常使用，操作简单方便且有足够的测量精度，是振动频率法的首选方案。

吊杆索力计算公式以及公式中物理参数的取值是准确计算吊杆索力的前提。在第 3 章推导给出了考虑吊杆弯曲刚度与边界条件影响的由吊杆的振动频率计算吊杆张力的公式，本章采用该公式计算吊杆索力：

当采用第 1 阶频率时，用式（5-1）计算吊杆张力。

$$T=\begin{cases}4m(f_1L)^2\left[0.828\,555-10.505\,25\left(\dfrac{C}{f_1}\right)^2\right] & 0<\xi\leqslant 10\\4m(f_1L)^2\left[0.889\,308-12.902\,88\left(\dfrac{C}{f_1}\right)^2\right] & 10<\xi\leqslant 20\\4m(f_1L)^2\left[0.951\,357-22.889\,22\left(\dfrac{C}{f_1}\right)^2\right] & 20<\xi\leqslant 60\\4m(f_1L)^2\left[0.976\,667-45.924\,86\left(\dfrac{C}{f_1}\right)^2\right] & 60<\xi\leqslant 100\\4m(f_1L)^2\left[0.993\,226-124.094\,6\left(\dfrac{C}{f_1}\right)^2\right] & 100<\xi\leqslant 600\end{cases}\tag{5-1}$$

当采用第 2 阶频率时，用式（5-2）计算吊杆张力。

$$T=\begin{cases}4m(f_2L)^2\left[0.221\,862-21.375\,16\left(\dfrac{C}{f_2}\right)^2\right] & 0<\xi\leqslant 20\\ 4m(f_2L)^2\left[0.237\,023-29.292\,24\left(\dfrac{C}{f_2}\right)^2\right] & 20<\xi\leqslant 60\\ 4m(f_2L)^2\left[0.243\,76-50.332\,05\left(\dfrac{C}{f_2}\right)^2\right] & 60<\xi\leqslant 100\\ 4m(f_2L)^2\left[0.247\,957-98.141\,91\left(\dfrac{C}{f_2}\right)^2\right] & 100<\xi\leqslant 600\end{cases} \tag{5-2}$$

当采用第 3 阶频率时，用式（5-3）计算吊杆张力。

$$T=\begin{cases}4m(f_3L)^2\left[0.103\,094-38.172\,56\left(\dfrac{C}{f_3}\right)^2\right] & 0<\xi\leqslant 40\\ 4m(f_3L)^2\left[0.106\,932-50.667\,15\left(\dfrac{C}{f_3}\right)^2\right] & 40<\xi\leqslant 60\\ 4m(f_3L)^2\left[0.108\,361-63.480\,87\left(\dfrac{C}{f_3}\right)^2\right] & 60<\xi\leqslant 100\\ 4m(f_3L)^2\left[0.110\,205-111.233\,5\left(\dfrac{C}{f_3}\right)^2\right] & 100<\xi\leqslant 600\end{cases} \tag{5-3}$$

当采用第 4 阶频率时，用式（5-4）计算吊杆张力。

$$T=\begin{cases}4m(f_4L)^2\left[0.058\,577-59.267\,91\left(\dfrac{C}{f_4}\right)^2\right] & 0<\xi\leqslant 45\\ 4m(f_4L)^2\left[0.060\,328-71.043\,31\left(\dfrac{C}{f_4}\right)^2\right] & 45<\xi\leqslant 60\\ 4m(f_4L)^2\left[0.060\,972-81.891\,44\left(\dfrac{C}{f_4}\right)^2\right] & 60<\xi\leqslant 100\\ 4m(f_4L)^2\left[0.061\,992-129.201\,9\left(\dfrac{C}{f_4}\right)^2\right] & 100<\xi\leqslant 600\end{cases} \tag{5-4}$$

式中，$C=\sqrt{\frac{EI}{ml^4}}$，$\xi=L\sqrt{\frac{T}{EI}}$，f_1 为吊杆的第 1 阶自振频率（基频），L 为吊杆的计算长度，m 为吊杆单位长的质量，EI 为截面的抗弯刚度。

5.1.2 吊杆索力测试仪器

根据京港澳高速刘江大桥吊杆的结构特点，采用北京波谱生产的 Vib'SYS 振动信号采集处理和分析系统。Vib'SYS 动态数据采集系统如图 5-1 所示。

（1）传感器

吊杆索力测试采用中国地震局工程力学研究所生产的 941B 型拾震器，如图 5-2 所示，可以根据需要测定测点的加速度、速度或位移参量，其频率有效工作范围是 0.25～80Hz，可以保证测到全部吊索的第 1 阶～第 3 阶自振频率。该拾震器具有体积小、重量轻、使用方便、分辨率高、动态范围大及一机多用的特点，可直接与各种记录器及数据采集系统配接。

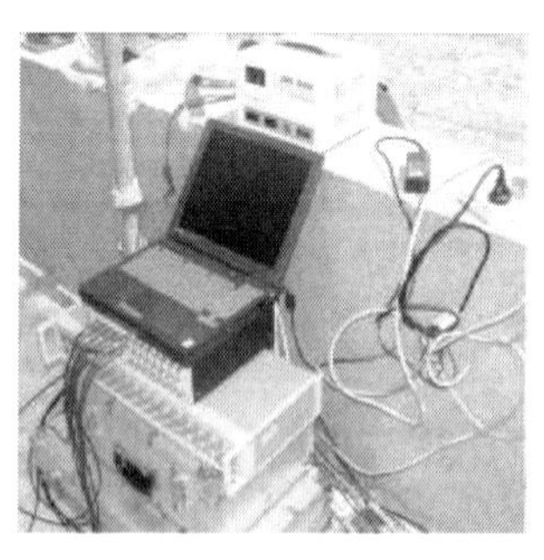

图 5-1 Vib'SYS 动态数据采集系统

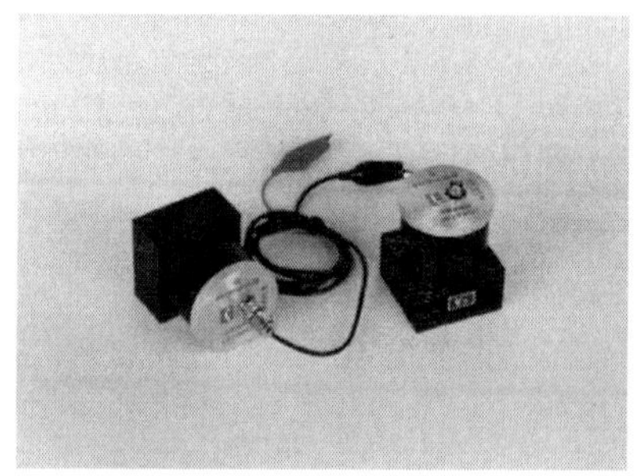

图 5-2 941B 型压电式加速度传感器

(2) 放大器

放大器采用与941B拾震器匹配的中国地震局工程力学研究所生产的941B型六线放大器，具有放大、积分、高陡度滤波和阻抗变换等功能，如图5-3所示。

(3) 数据采集仪

数据采集仪为北京波谱公司生产的Vib'SYS盒式采集仪，具有16通道和并行口，通过USB口可连接笔记本或台式机，适用于现场野外使用，如图5-4所示。

图5-3 941B型放大器

图5-4 Vib'SYS采集仪

(4) 计算机和数据采集、分析软件

Vib'SYS动态信号采集处理分析系统采用便携式配置，适用于野外和现场测试工作。数据分析采用系统自带的Vib'SYS分析软件，具有强大的自动采集与信号处理功能。

振动频率法测定吊杆索力的流程如图5-5所示。

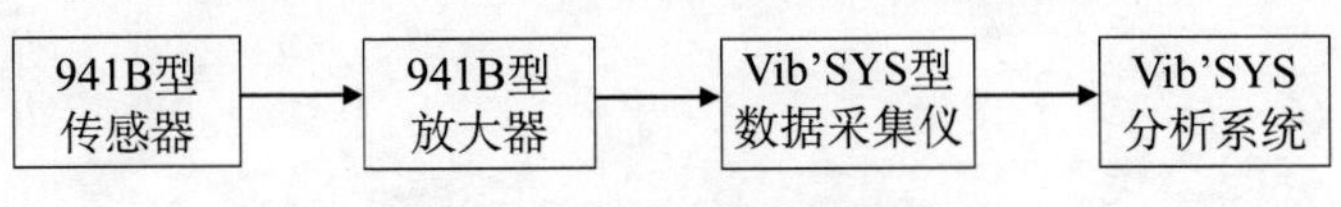

图5-5 索力测定流程图

5.1.3 参数选取

（1）采集参数选取

在振动信号采集时，相关参数的设置和时机的选择也是很重要的。

1）滤波频率、采样频率：滤波频率是根据我们所关心的吊索最大频率确定的。一般根据每根吊索的张拉力初步计算它们的自振频率，取最大频率的 5 倍作为滤波频率，如采样频率为 20Hz 时，滤波频率可以用 100Hz。本次测试取用采样频率为 200Hz。

2）采样时间：利用环境振动作为激励源时，由于无法测量环境振动信号，往往假设输入信号为零均值的白噪声。通常信号都不能完全满足各态历经性，为了使分析结果满足一定的置信度，必须选择合理的采样时间。由于吊索的构造比较简单，振动信号一般都属于强平稳信号，所以采样时间不需要太长。通常采样时间可以选 10～20min，并采用平均技术提高统计精度，如果遇到信号噪声比较大时可适当延长采样时间，采样时间取 600s 或 720s。

3）测量时机的确定：由于吊杆是整个桥梁结构中的一部分，结构容易受到温度影响而发生变形，从而导致索力的改变，所以必须选择适当的测量时机，一般取结构温度场局部温差较小时测量，如晚上后半夜或清晨。另外，为了使实际振动信号不受吊杆两端边界运动的影响，采用基于阵风激励下的吊索振动信号比使用大地脉动或车辆激振效果好。

（2）计算参数选取

利用振动频率法测定吊杆索力的精度在很大程度上取决于吊杆本身参数的可靠性，诸如吊杆的弯曲刚度 EI、吊杆的计算长度 L，

吊杆的线质量密度 m 等。

1）吊杆单位长度质量：在索力测试中，吊杆单位长度的质量应该包括护套的质量，在实际工程中，应该在施工现场进行标定。京港澳高速刘江大桥吊杆采用的是PES C7—091型成品索，吊杆单位长度质量按国家标准《斜拉桥热挤聚乙烯高强钢丝拉索技术条件》（GB/T 18365—2001）中规定取 m=30.4kg/m，其他物理参数如表5-1所示。

表5-1　PES C7—091型成品索物理参数

弹性模量 E/MPa	惯性矩 I/m^4	线密度 m/(kg/m)	公称破断索力/kN	设计索力/kN
1.95×10^5	5.43×10^{-7}	30.4	5 848	2 339

2）吊杆抗弯刚度：吊杆弯曲刚度对吊杆索力的影响取决于吊杆的断面构造，国家标准《斜拉桥热挤聚乙烯高强钢丝拉索技术条件》（GB/T 18365—2001）中吊杆截面如图5-6所示。钢丝束断面呈六边形或缺角六边形，钢丝紧密排列后经左旋轻度扭绞而成，扭绞角为2°～4°。

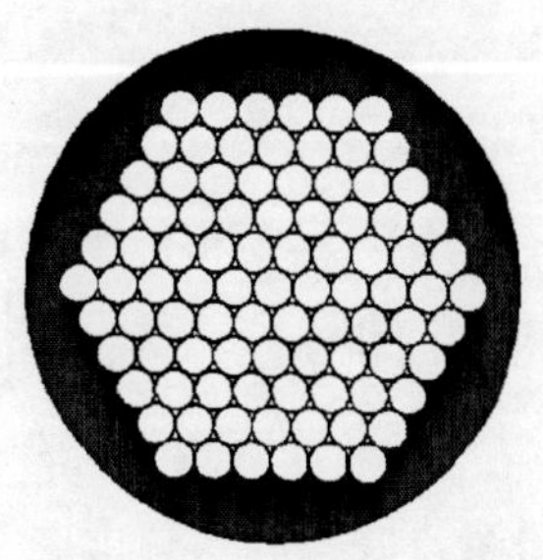

图5-6　PES C7—091型成品索截面示意

如果吊杆的钢丝之间是完全不黏结的，则吊杆的惯性矩为全部钢丝对自身惯性矩之和，如果是完全黏结，则为全部钢丝对断面形心的惯性矩之和。吊杆的实际抗弯刚度应该介于完全不黏结与完全黏结之间，现场标定表明，实际抗弯刚度值接近于完全黏结时的弯曲刚度。

3）吊杆计算长度：吊杆两端采用冷铸镦头锚，虽然吊杆实际长度为两端锚垫板之间的净距，但黄河二桥主桥拱肋和系梁高度竖向尺寸较大，预留的索道管较长，而设置在索道管口的橡胶减震器对吊杆的约束作用显著，现场测试表明，减震器的存在对吊杆尤其是拱肋两端的短吊杆的低阶频率影响较大，所以吊杆计算长度应取为两端减震器之间的净距。考虑京港澳高速刘江大桥主桥的对称性，吊杆长度取表 5-2 的 6 个参数。

表 5-2　吊杆计算长度

吊杆编号	1	2	3	4	5	6
计算长度/mm	4 108.471	8 929.327	12 704.490	15 488.580	17 322.700	18 233.360

注：吊杆编号 1 号至 6 号为拱脚至拱顶对应位置。

5.1.4　测试结果

在对主桥所有吊杆索力进行振动测试中，每次用 6 个通道对 6 根吊杆的振动信号进行采集，尽量将传感器布置在靠近吊杆 1/4 处的位置，激励为外部环境随机激励。通过频谱分析获得吊杆的第一阶振动频率，频谱分析时频率分辨率为 0.049Hz。图 5-7～图 5-18 为 12 根吊杆的时域图及变换后的频谱图。根据测定的吊杆频率计算吊杆索力，索力计算结果见图 5-19～图 5-50，图中也一并给出了吊杆的设计索力，以供比较。

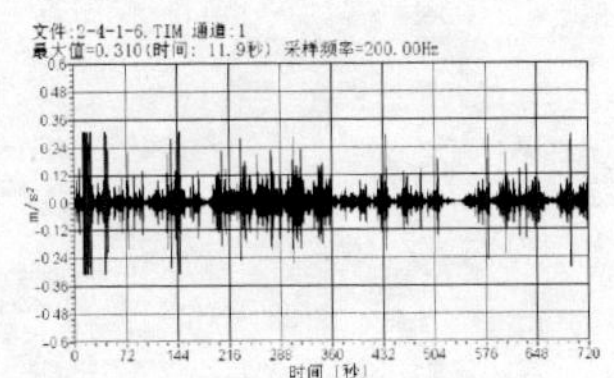

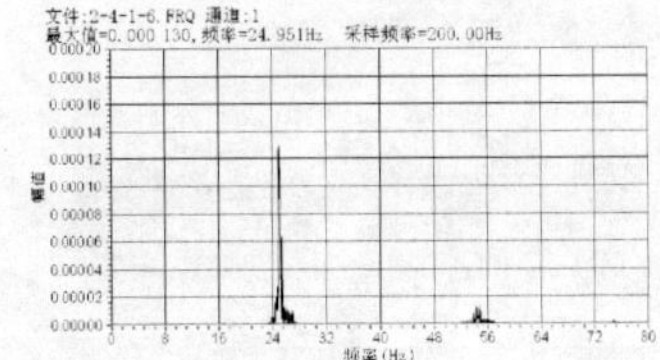

图 5-7 4-2 第 1 号吊杆时域图及频谱图

图中吊杆编号“X-Y”中“X”代表跨数，从郑州至新乡方向依次为 1、2、…、7、8；“Y”代表拱片数，从下游至上游依次为 1、2、3、4；吊杆号：从郑州至新乡方向依次为 1、2、…、11、12；例如 2-4 表示郑州至新乡方向第 2 跨，从下游至上游第 4 片拱肋。

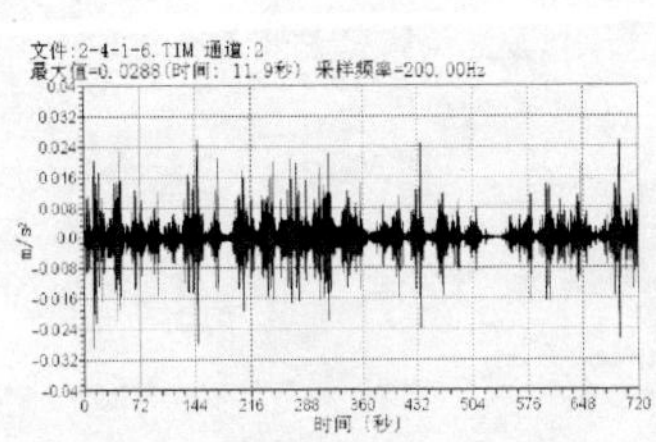

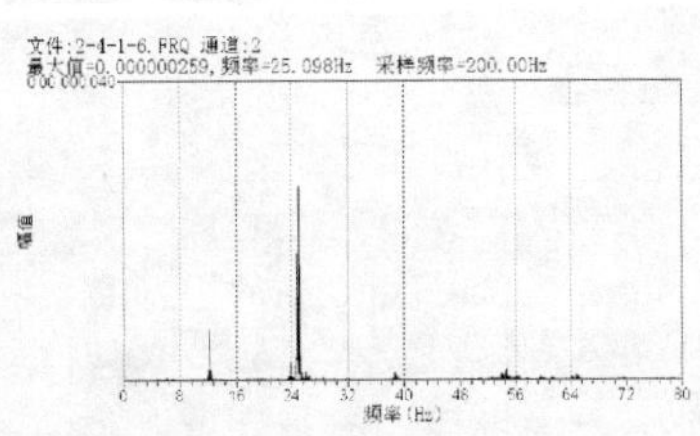

图 5-8 4-2 第 2 号吊杆时域图及频谱图

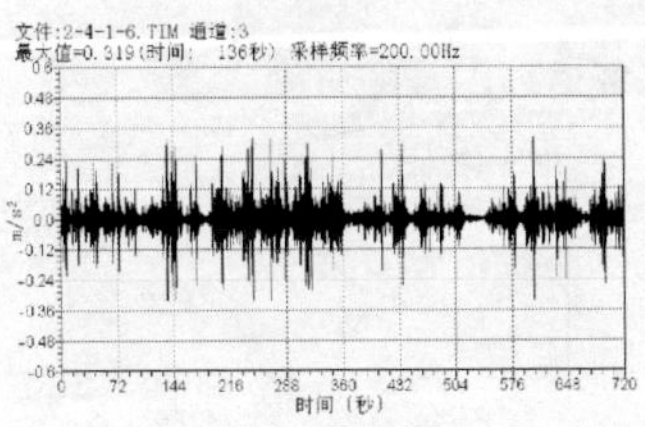

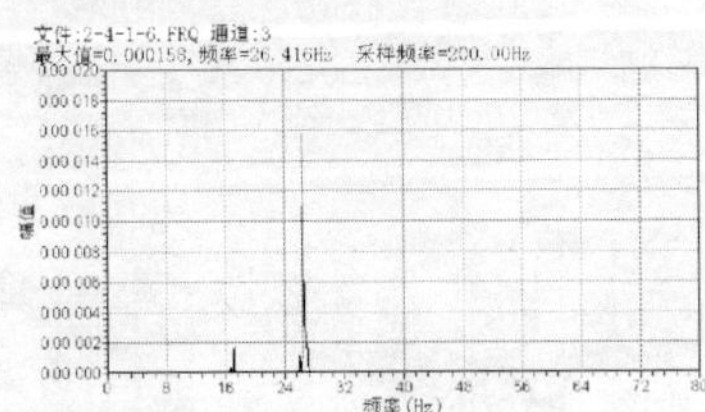

图 5-9 4-2 第 3 号吊杆时域图及频谱图

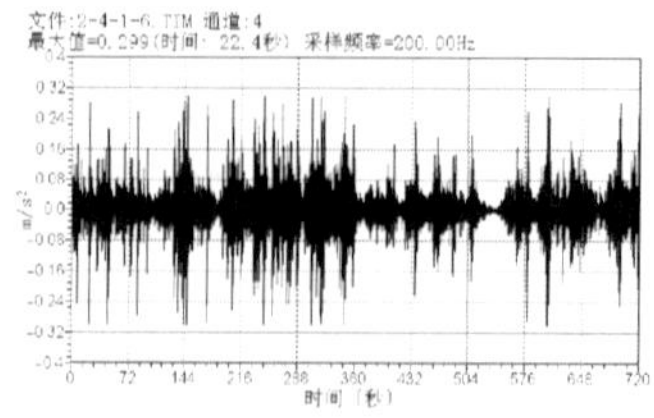

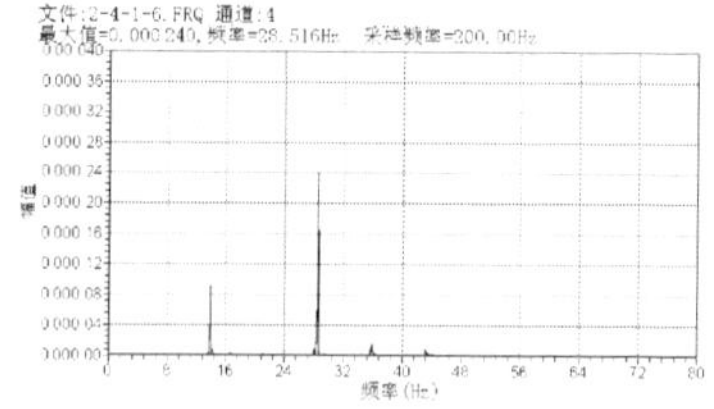

图 5－10　4-2 第 4 号吊杆时域图及频谱图

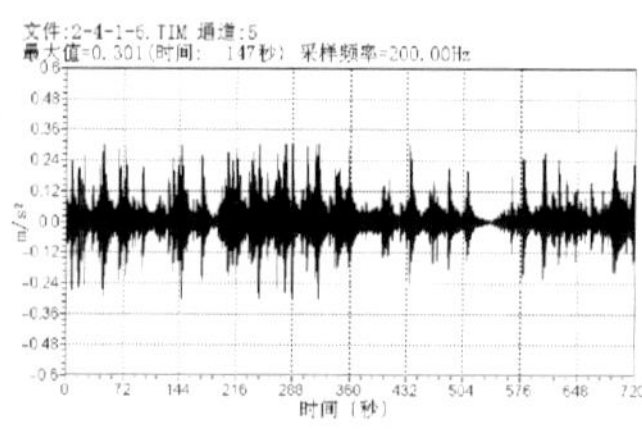

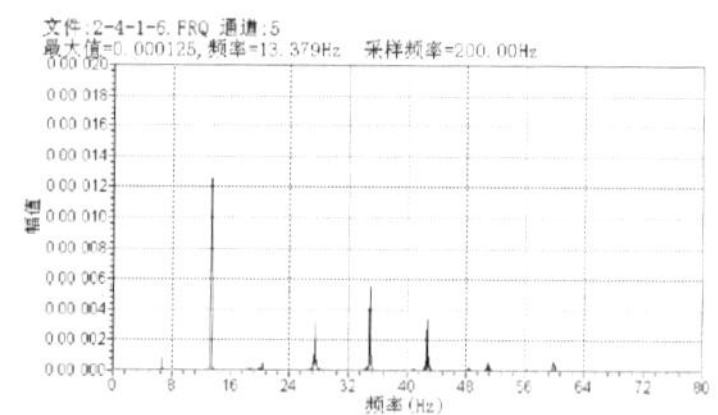

图 5－11　4-2 第 5 号吊杆时域图及频谱图

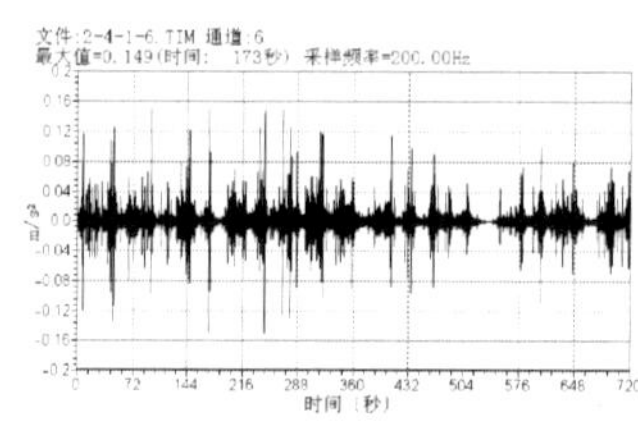

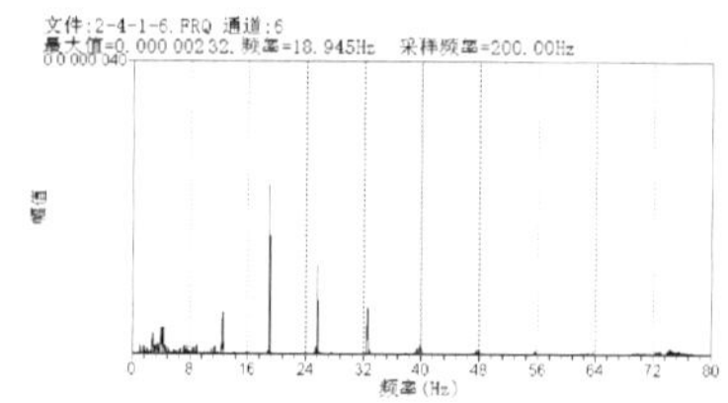

图 5－12　4-2 第 6 号吊杆时域图及频谱图

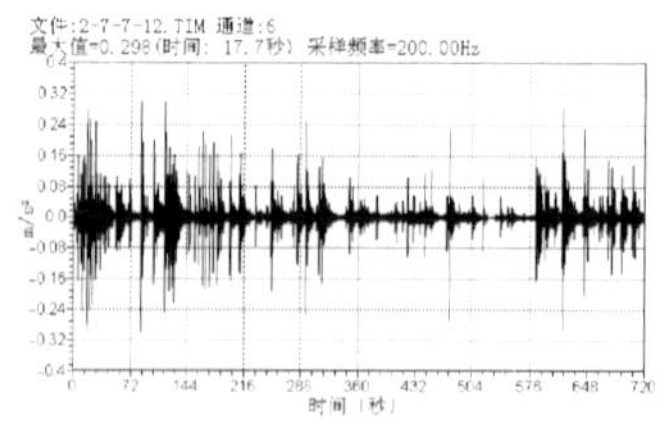

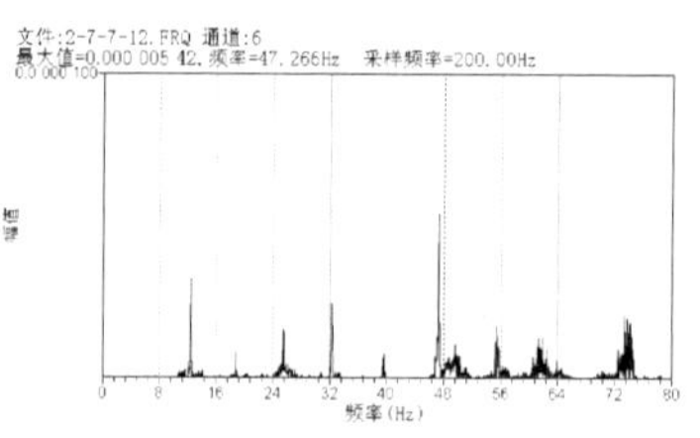

图 5－13　7-2 第 7 号吊杆的时域图及频谱图

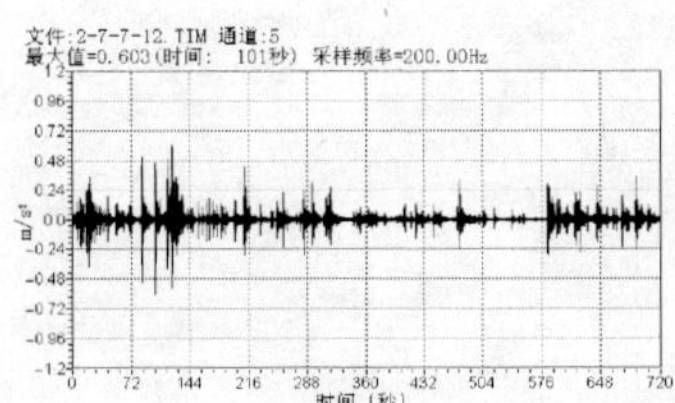

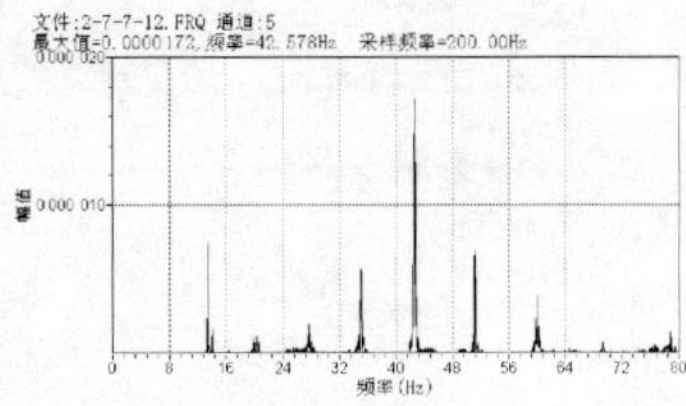

图 5－14　7-2 第 8 号吊杆的时域图及频谱图

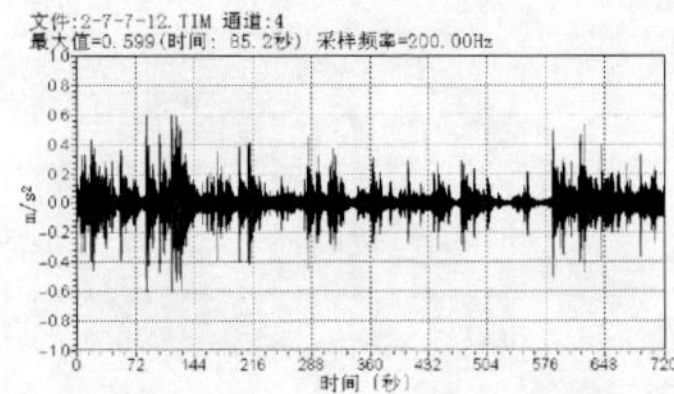

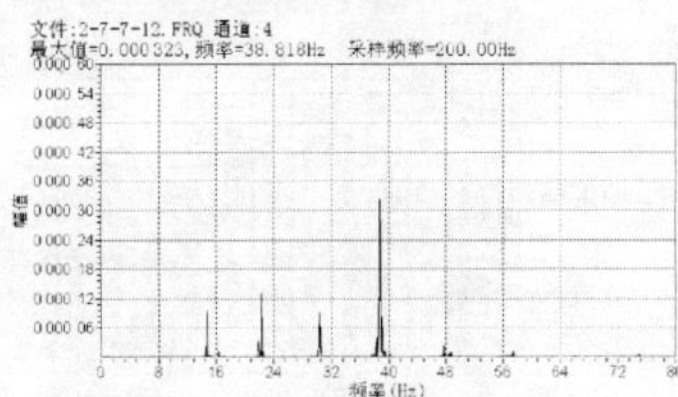

图 5－15　7-2 第 9 号吊杆的时域图及频谱图

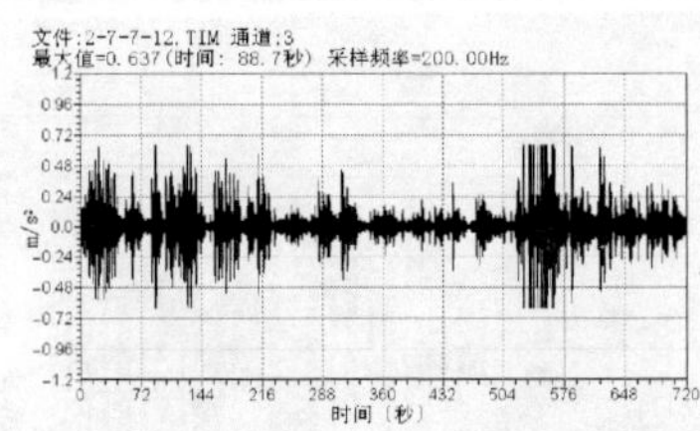

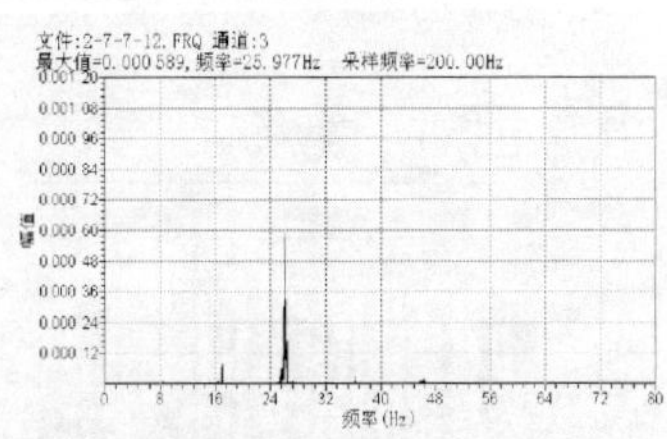

图 5－16　7-2 第 10 号吊杆时域图及频谱图

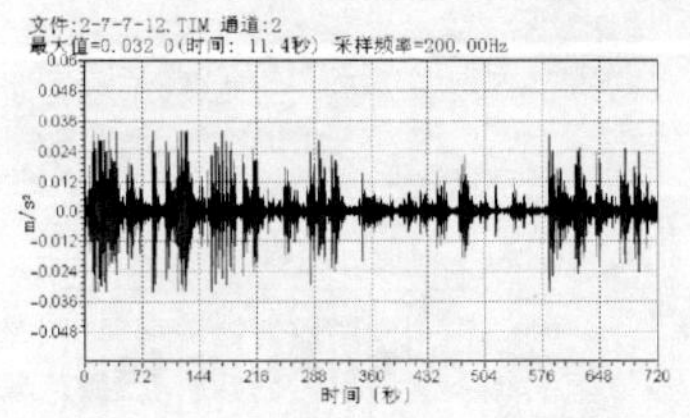

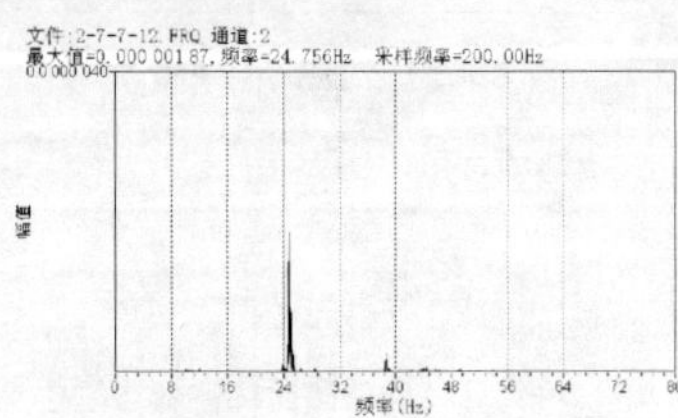

图 5－17　7-2 第 11 号吊杆时域图及频谱图

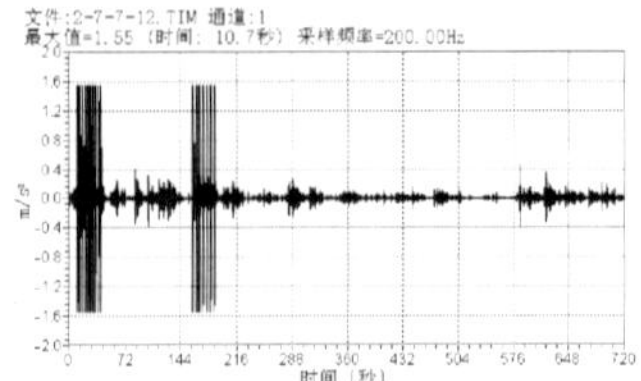

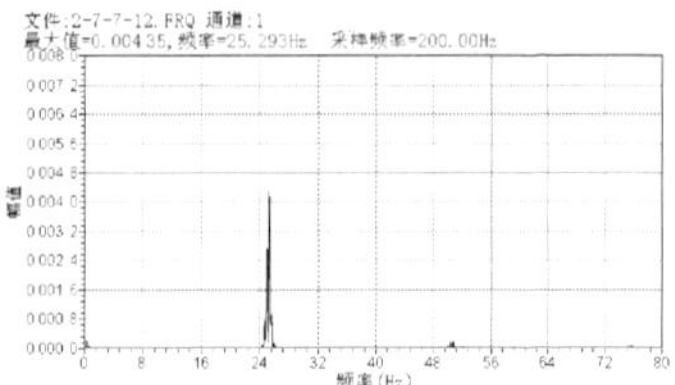

图 5-18　7-2 第 12 号吊杆时域图及频谱图

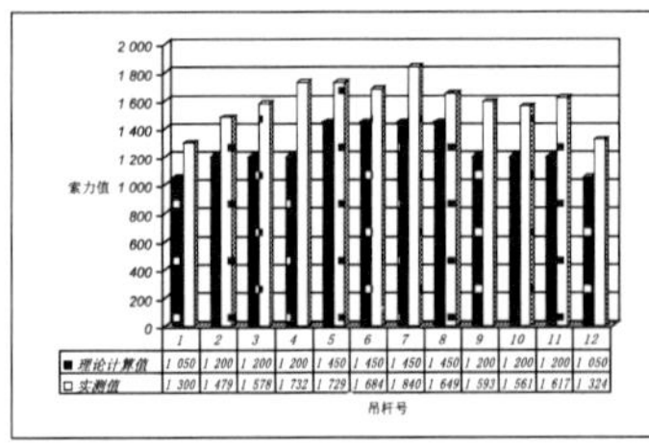

吊杆号	1	2	3	4	5	6	7	8	9	10	11	12
■ 理论计算值	1 050	1 200	1 200	1 200	1 450	1 450	1 450	1 450	1 200	1 200	1 200	1 050
□ 实测值	1 300	1 479	1 578	1 732	1 729	1 684	1 840	1 649	1 593	1 561	1 617	1 324

图 5-19　1-1 吊杆索力

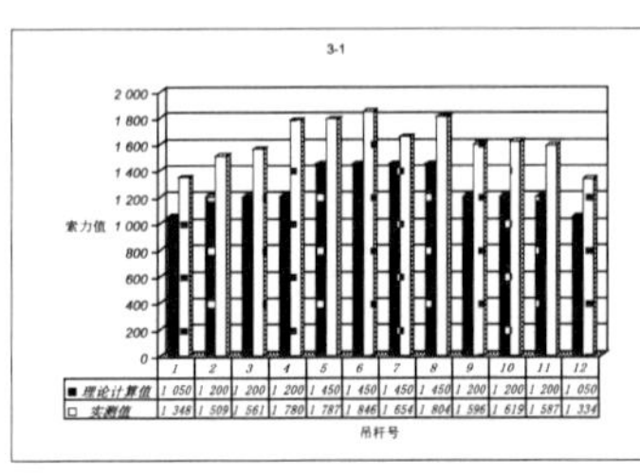

吊杆号	1	2	3	4	5	6	7	8	9	10	11	12
■ 理论计算值	1 050	1 200	1 200	1 200	1 450	1 450	1 450	1 450	1 200	1 200	1 200	1 050
□ 实测值	1 348	1 509	1 561	1 780	1 787	1 846	1 654	1 804	1 596	1 619	1 587	1 334

图 5-21　1-3 吊杆索力

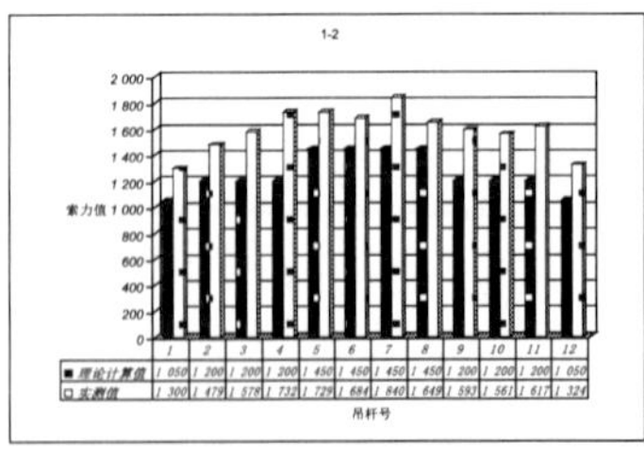

吊杆号	1	2	3	4	5	6	7	8	9	10	11	12
■ 理论计算值	1 050	1 200	1 200	1 200	1 450	1 450	1 450	1 450	1 200	1 200	1 200	1 050
□ 实测值	1 300	1 479	1 578	1 732	1 729	1 684	1 840	1 649	1 593	1 561	1 617	1 324

图 5-23　2-1 吊杆索力

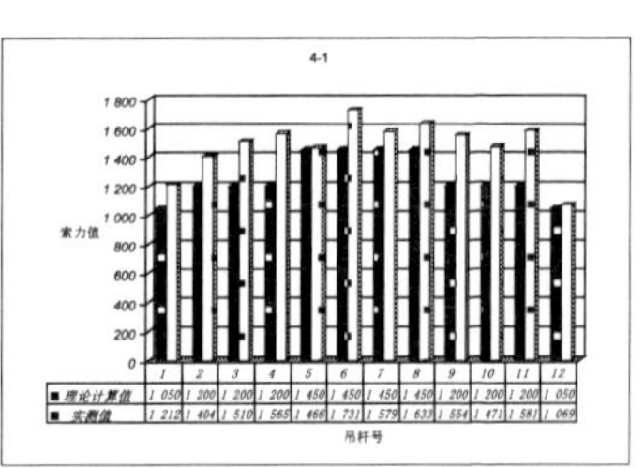

吊杆号	1	2	3	4	5	6	7	8	9	10	11	12
■ 理论计算值	1 050	1 200	1 200	1 200	1 450	1 450	1 450	1 450	1 200	1 200	1 200	1 050
■ 实测值	1 212	1 404	1 510	1 565	1 466	1 731	1 579	1 633	1 554	1 471	1 581	1 069

图 5-22　1-4 吊杆索力

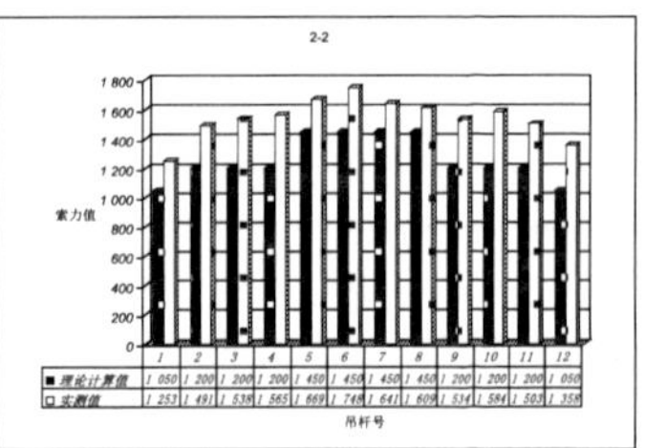

吊杆号	1	2	3	4	5	6	7	8	9	10	11	12
■ 理论计算值	1 050	1 200	1 200	1 200	1 450	1 450	1 450	1 450	1 200	1 200	1 200	1 050
□ 实测值	1 253	1 491	1 538	1 565	1 669	1 748	1 641	1 609	1 534	1 584	1 503	1 358

图 5-24　2-2 吊杆索力

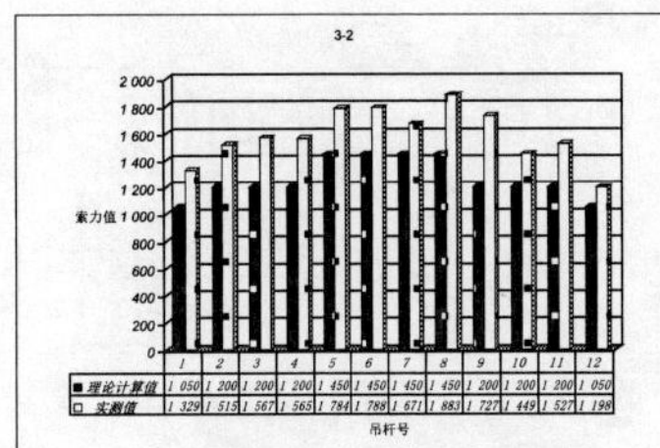

图 5 - 25　2-3 吊杆索力

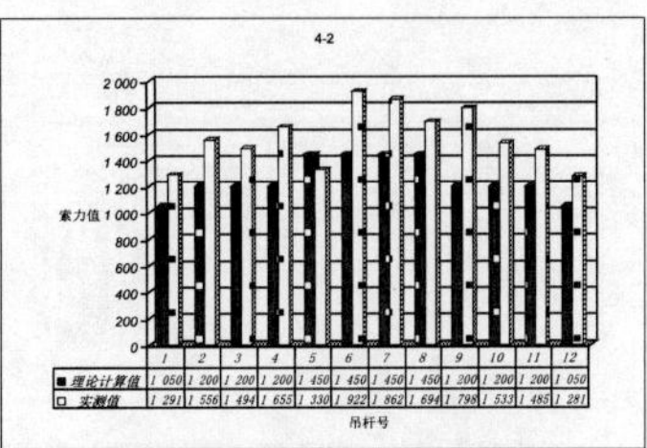

图 5 - 26　2-4 吊杆索力

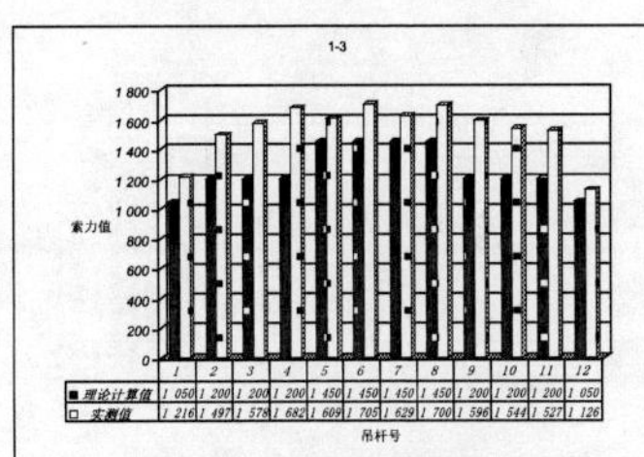

图 5 - 27　3-1 吊杆索力

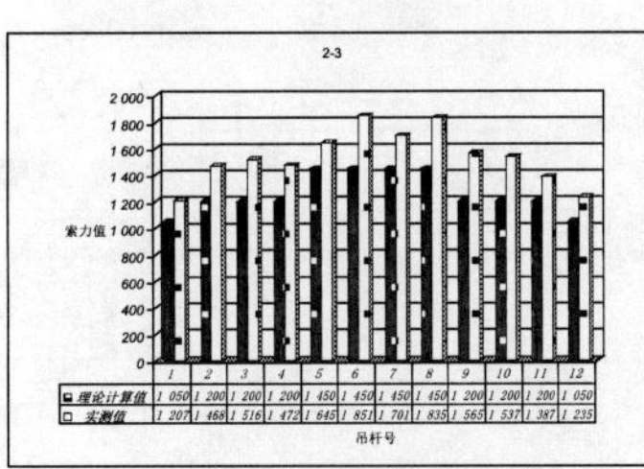

图 5 - 28　3-2 吊杆索力

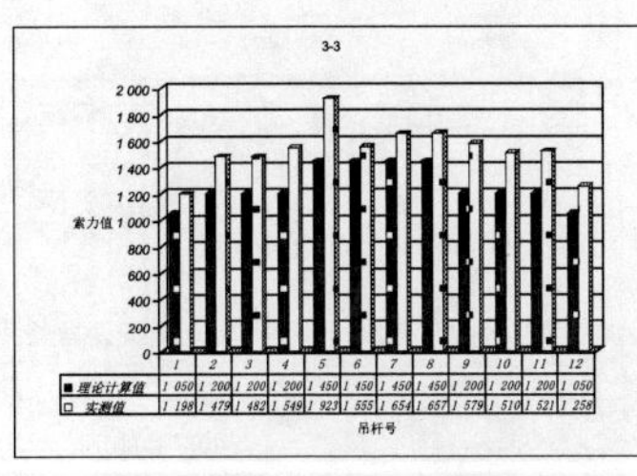

图 5 - 29　3-3 吊杆索力

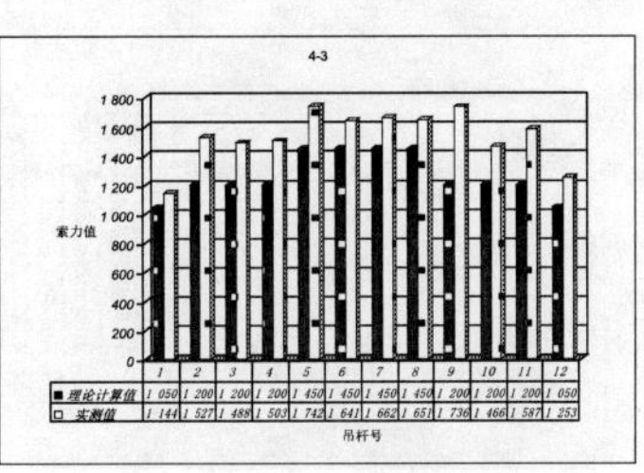

图 5 - 30　3-4 吊杆索力

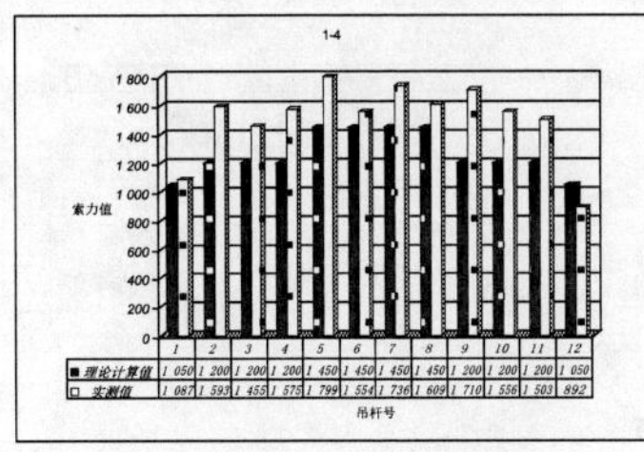

图 5 - 31　4-1 吊杆索力

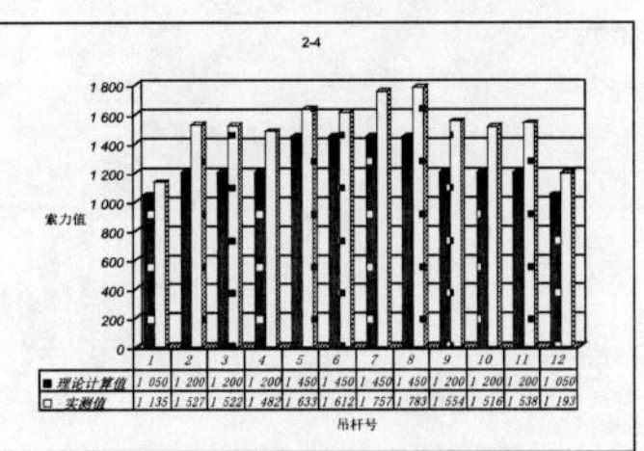

图 5 - 32　4-2 吊杆索力

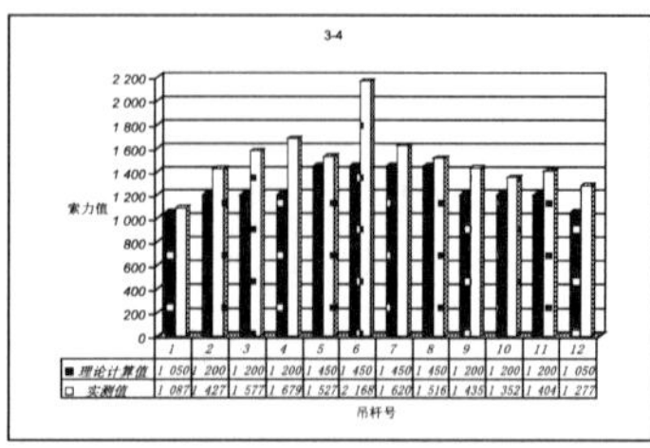

图 5－33　4-3 吊杆索力

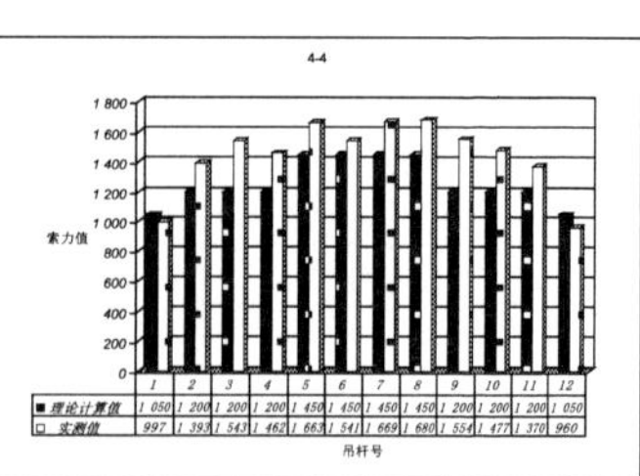

图 5－34　4-4 吊杆索力

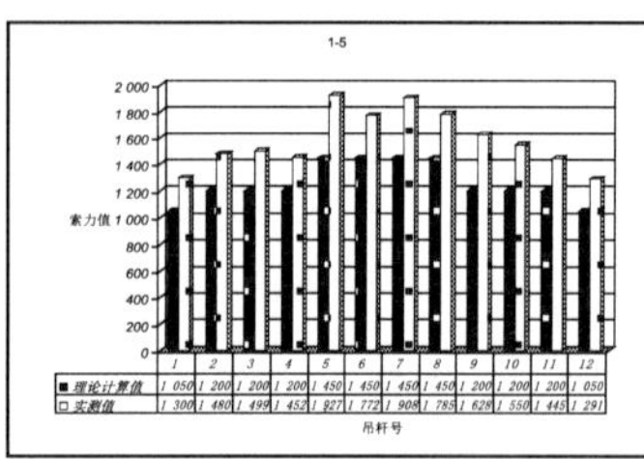

图 5－35　5-1 吊杆索力

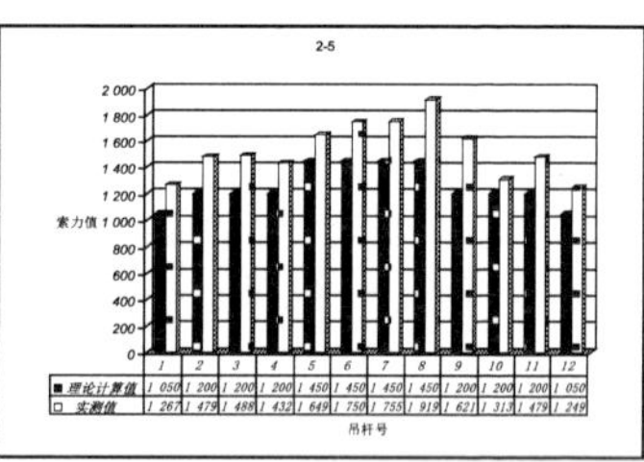

图 5－36　5-2 吊杆索力

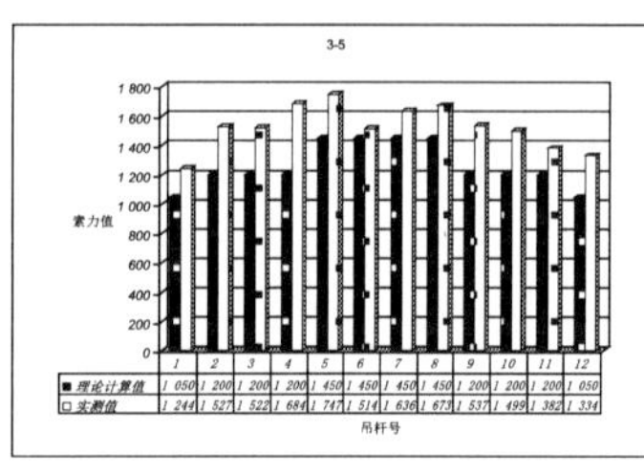

图 5－37　5-3 吊杆索力

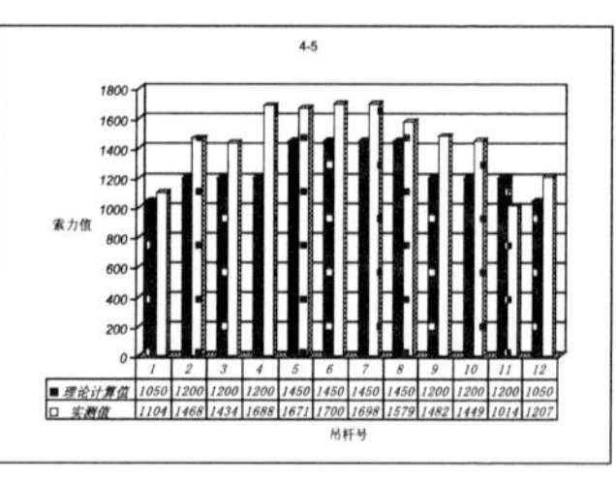

图 5－38　5-4 吊杆索力

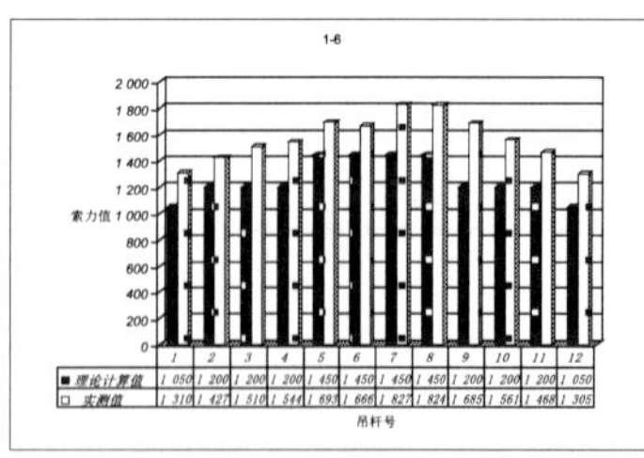

图 5－39　6-1 吊杆索力

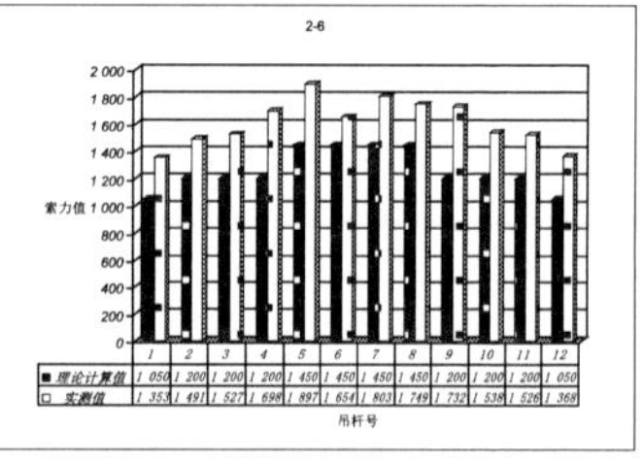

图 5－40　6-2 吊杆索力

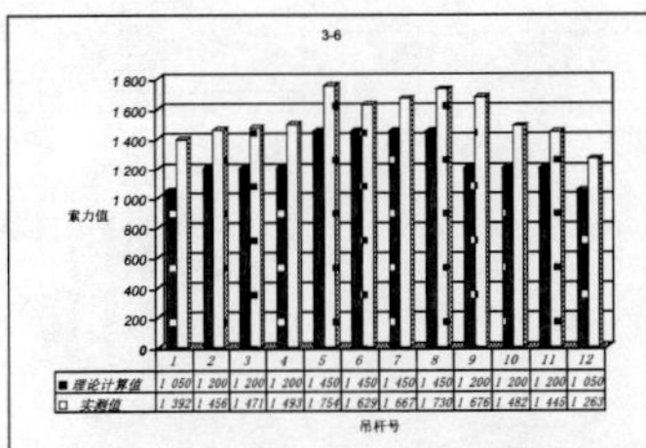

图 5-41 6-3 吊杆索力

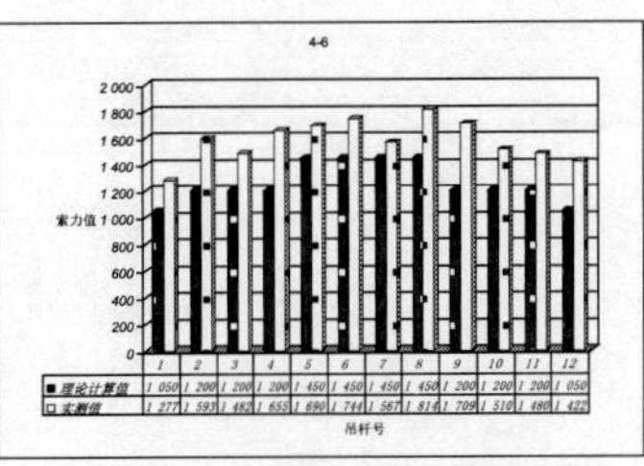

图 5-42 6-4 吊杆索力

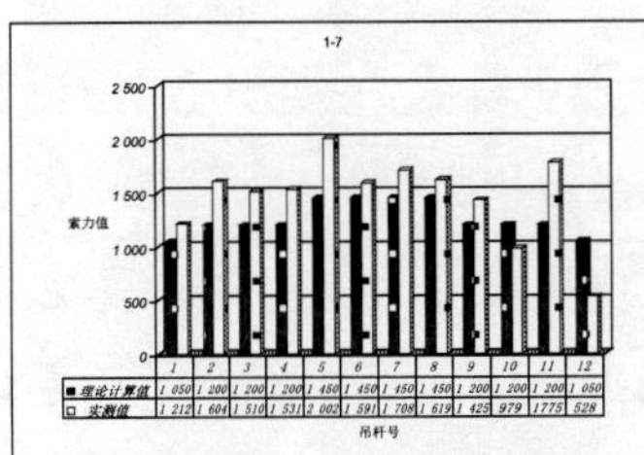

图 5-43 7-1 吊杆索力

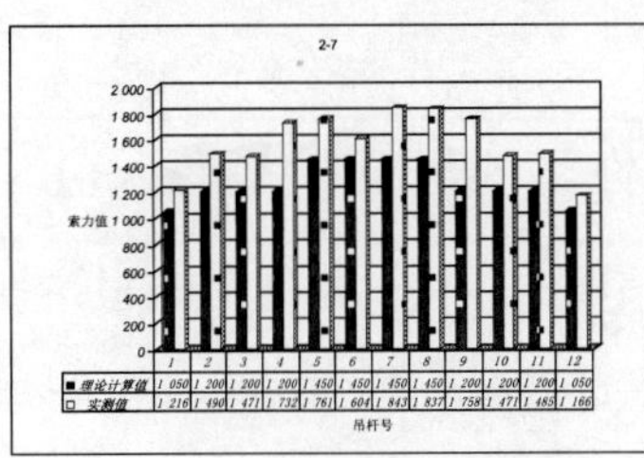

图 5-44 7-2 吊杆索力

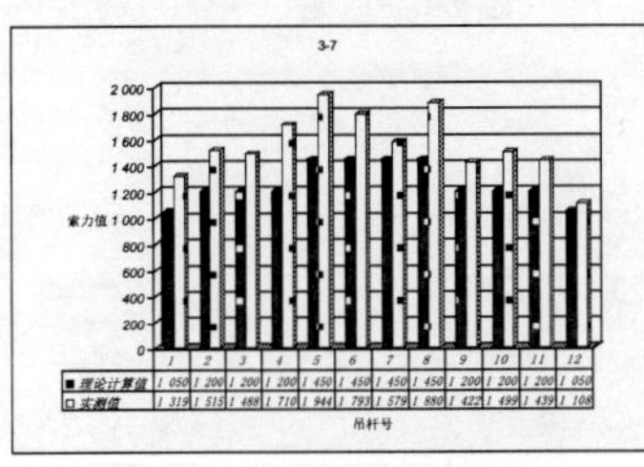

图 5-45 7-3 吊杆索力

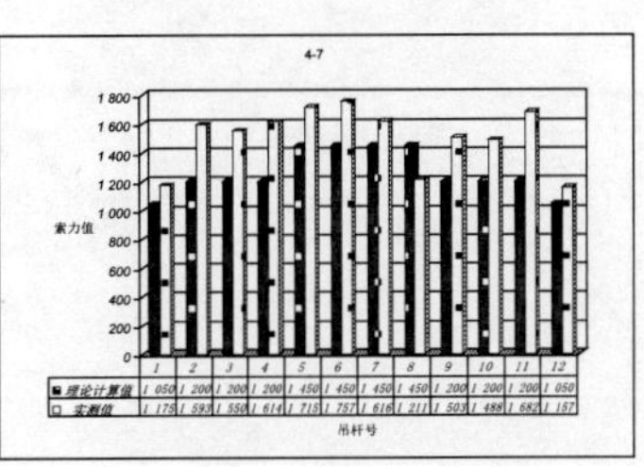

图 5-46 7-4 吊杆索力

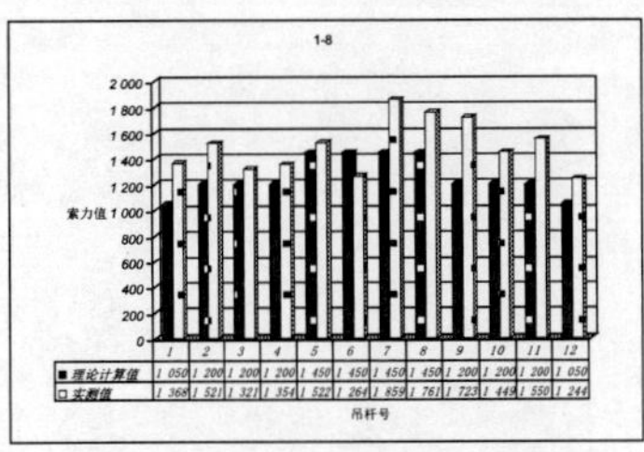

图 5-47 8-1 吊杆索力

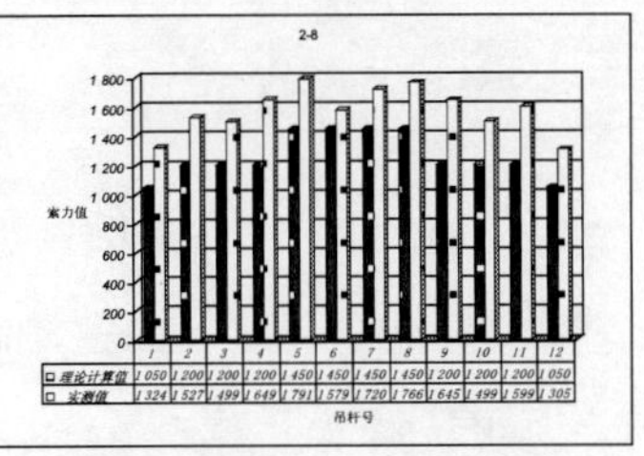

图 5-48 8-2 吊杆索力

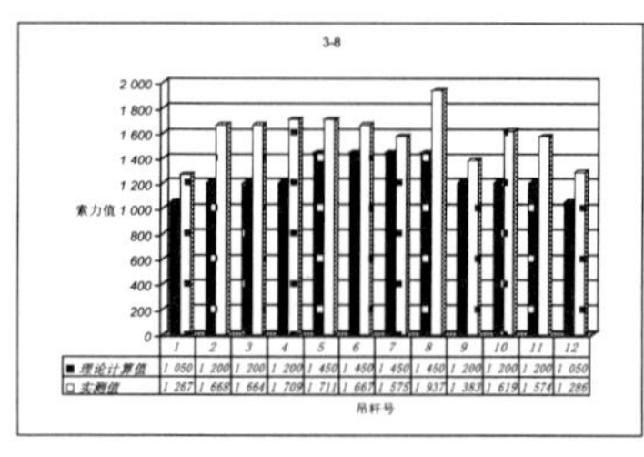

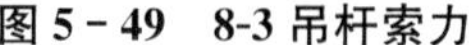
图 5－49　8-3 吊杆索力

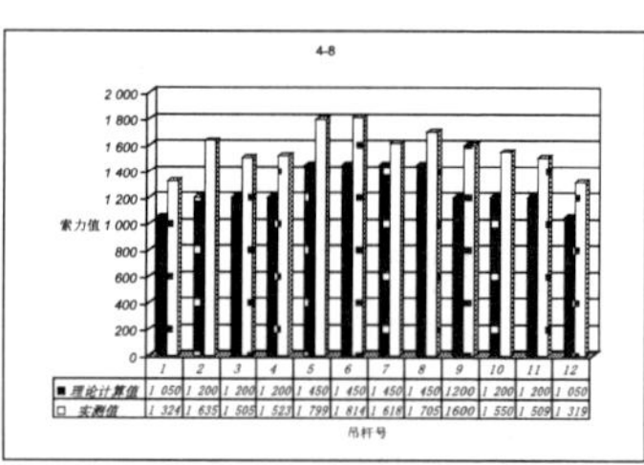

图 5－50　8-4 吊杆索力

比较图中可以看到：2-4 跨第 5 根吊杆索力实测值比理论值要小，说明第 5 根吊杆所负担的力降低；相应第 4、6 根吊杆索力实测值明显偏大，说明第 5 根吊杆负担的部分荷载，由第 4、6 根吊杆所分担。同样情况出现在 1-4 跨第 5 根、3-3 跨第 6 根、4-1 跨第 1、12 根、4-3 跨第 5、7 根、5-4 跨第 11 根、7-1 跨第 10、12 根吊杆、7-3 跨第 7 根、7-4 跨第 8 根、8-1 跨第 6 根、8-3 跨第 8 号吊杆。

经分析，索力变化的主要原因有：

1）吊杆在桥梁运行过程中，吊杆两端锚具松动，造成吊杆松弛；

2）系杆梁预应力松弛也会造成吊杆索力的变化。

5.2　本章小结

通过对吊杆实测索力的分析和比较，所得结论如下：

（1）实测的京港澳高速刘江大桥主桥吊杆的安全系数均大于 2.5，说明从强度上看，吊杆索力整体上处于安全状态，满足桥梁结构承载力要求。

（2）吊杆索力整体上比设计值大，只有个别小于设计值。索力设计值为成桥后恒载作用下的理论值，测试时桥面活载作用会导致吊杆索力变大，同时，拱桥的吊杆索力也与成桥时吊杆张拉有关。

（3）各吊杆索力变化相差较大，但变化范围基本在15％～30％之间，与活载占恒载比重相似。实测吊杆索力与设计索力降低最大的吊杆是7-1跨的12号吊杆，其降低值为－49.68％，应检查7-1跨的12号吊杆的锚头，看有无滑丝、疲劳破坏等现象。实测吊杆索力与设计索力增加最大的吊杆是8-3跨的8号吊杆，其值为51.81％，其增大原因应是8-3跨的9号吊杆承载能力下降所致，应检查8-3跨的9号吊杆的锚头，看有无滑丝、疲劳破坏等现象。

（4）从桥梁安全考虑，建议重点检查2-4跨第5根、1-4跨第5根、3-3跨第6根、4-1跨第1、12根、4-3跨第5、7根、5-4跨第11根、7-1跨第10、12根吊杆、7-3跨第7根、7-4跨第8根、8-1跨第6根、8-3跨第8号吊杆及锚头情况，及时排除安全隐患。

6 结　　论

本书以京港澳高速刘江大桥主桥为依托工程，采用理论分析、环境振动测试和吊杆索力测试方法对京港澳高速刘江大桥主桥的健康检测问题进行了深入研究，对桥梁的健康状态进行了评估，所得结论如下：

1）采用有限元方法，就吊杆损伤和破断对京港澳高速刘江大桥主桥的静力、动力特性的影响进行了研究，给出了吊杆损伤对主桥静力、动力特性的影响规律，为桥梁健康状态评估和吊杆损伤检测提供了依据；

2）对振动法中的由吊杆振动频率计算吊杆张力的计算公式进行了深入研究，提出了既考虑吊索弯曲刚度和吊索两端边界条件，又考虑拱肋、系梁减振作用和附加质量影响的由吊杆振动频率计算吊杆张力的实用计算公式，并通过桥梁现场试验，验证了吊杆张力实用计算公式的准确性和可行性。

3）根据京港澳高速刘江大桥主桥环境振动试验数据，对京港澳高速刘江大桥主桥频率、振型等动力特性进行了识别，获得了当前桥梁的实际频率和振型。从模态振型上可以看到，京港澳高速刘江大桥的前两阶振型为面外振动，符合钢管混凝土拱桥的动力特性。

4）在正常运行环境下，通过环境振动试验所测得的京港澳高速刘江大桥主桥频率略大于理论值，表明桥梁的实际刚度不低于设计刚度，桥梁整体动力特性良好。

5）对京港澳高速刘江大桥主桥吊杆索力进行了测试和计算，计算结果显示：当前吊杆索力整体上比设计值大，且安全系数均大于2.5，说明从强度上看，吊杆索力整体上处于安全状态，但对吊杆张力变化较大的吊杆应引起重视，应加强检测。

6）根据京港澳高速刘江大桥全桥振动试验与吊杆索力测试试验结果可知：目前京港澳高速刘江大桥主体结构处于安全状态。

参考文献

[1] Sanayei M., Opined O. Damage assessment of structures using static test data [J]. AIAA Journal, 1991, 29 (7): 1174-1179.

[2] Yam L. H., Li YY, Wong W. O. Sensitivity studies of parameters for damage detection of plate-like structures using static and dynamic approaches [J]. Engineering Structures, 2002, 24 (11): 1465-1475.

[3] Wang X., Hu N., Fukunaga H., et al. Structural damage identification using static test data and changes in frequencies [J]. Engineering Structures, 2001, 23 (6): 610-621.

[4] Hjelmstad K. D, Shin S. Damage detection and assessment of structures from static response [J]. Journal of Engineering Mechanics, 1997, 123 (6): 568-76.

[5] Banan M. R, Hjelmstad K. D. Parameter estimation of structures from static response, I: computational aspects [J]. Journal of Structural Engineering, 1994a, 120 (11): 3243-3258.

[6] 崔飞，袁万城，史家钧．基于静态应变及位移测量的结构损伤识别法 [J]．同济大学学报，2000，28 (1)：5-8.

[7] 崔飞，袁万城，史家钧．基于静载试验进行桥梁结构损伤

识别［J］．桥梁建设，2003，(2)：4-7.

［8］张启伟，范立础．利用动静态测量数据的桥梁结构损伤识别［J］．同济大学学报，1998，26（5)：528-532.

［9］蔡晶，吴智深，李兆霞．静力载荷作用下结构参数识别及状态评估的统计分析［J］．工程力学，2004，21（6)：76-83.

［10］Stubbs N，Kim J T，Farrar C R. Field Verifications of a Nondestructive Damage Localization and Sensitivity Estimator Algorithm［C］. Proceedings of the 13th International Modal Analysis Conference. 1995，210-218.

［11］Comwell P J Doebling S W Farrar C R. Application of the Strain Energy Damage Detection Method to Plate-Like Structures［J］. Journal of Sound and Vibration，1999，224（2)：359-374.

［12］Shi Z Y，law S，Zhang L M. Structural Damage Localization from Modal Strain Energy Change［J］. Journal of Sound and Vibration，1998，218（5)：825-844.

［13］史治宇，吕令毅．由模态应变能法诊断结构破损的实验研究［J］．东南大学学报，1999，29（2)：134-138.

［14］袁明，贺国京．基于模态应变能的结构损伤检测方法研究［J］．铁道学报，2002，24（2)：92-94.

［15］Pandey A K Biwa M. Damage Detection in Structures Using Changes in Flexibility［J］. Journal of Sound and Vibration，1994，169（1)：3-17.

［16］Pandey A K，Biswas M. Damage Diagnosis of Truss Structures by Estimation of Flexibility Change［J］. The International Journal of Analytical and Experimental Modal Analysis，1999，10（2）：104-117.

[17] Tokyo T. Aktan A E. Bridge condition Assessment by Modal Flexibility Experimental Mechanics. 1994，34：271-278.

[18] Bernal D. Load Vectors for Damage Localization. ASCE Journal of Engineering Mechanics，2002，128（1）：7-14.

[19] Yong GAO. Structural Health Monitoring Strategies for Smart Sensor Networks. Ph. D Dissertation，University of Illinois-an Urbana-Champaign. 2005.

[20] 李国强，郝坤超，陆烨．弯剪型悬臂结构损伤识别的柔度法，地震工程与工程振动，1999，19（1）：31-37.

[21] 邬瑞锋，等．甚于柔度阵的悬臂弯剪型建筑结构损伤识别方法，工业建筑．2000. 30（4）：64-67.

[22] 王瑁成．有限单元法［M］．北京：清华大学出版社，2003.

[23] 江见鲸，贺小岗．工程结构计算机仿真分析［M］．北京：清华大学出版社，1996.

[24] 韩西，钟厉，李博．有限元分析在结构分析和计算机仿真中的应用［J］重庆交通学院学报，2002，7（2）：7-11.

[25] 田冠伟．有限元结构分析方法及在桥梁结构中的应用［J］. 机床与液压，2003，12（1）：203-204.

[26] Frandsen JB. Numerical bridge deck studies using finite element［J］. Journal of Fliuids and Structures，2004，19（2）：171-191.

[27] 李延强．大跨度钢管混凝土拱桥动力特性分析 [D]．成都：西南交通大学，2001.

[28] 吴永礼．计算固体力学方法 [M]．北京：科学出版社，2003，194-225.

[29] Ljung L. System identification：theory for the user [M]. Englewood Cliffs：Prentice-Hall Inc，1987.

[30] Juang N. Applied system identification [M]. Englewood Cliffs：Prentic；e-Hall Inc，1994.

[31] Ewins D J. Modal testing：theory and practice [M]. England：Research Studies Press Ltd，1986.

[32] Maia N M，Silva J M. Theoretical and experimental modal analysis [M]. England：Research Studies Press Ltd，1997.

[33] 董建华．中下承式拱桥吊索模态分析与张力测定 [D]．郑州：郑州大学，2004.

[34] 陈淮，董建华．中、下承式拱桥吊索张力测定的振动法实用公式 [J]．中国公路学报，2007，20 (3)：66-71.

[35] 李冬生．拱桥吊杆损伤监测与健康诊断 [D]．哈尔滨：哈尔滨工业大学博士论文，2007.

[36] 陈淮，葛素娟．吊杆破断对郑州黄河二桥主桥静力性能的影响 [J]．中外公路，2008，28 (4)：153-156.

[37] 陈淮，葛素娟．吊杆损伤对钢管混凝土拱桥自振特性影响的分析 [J]．桥梁建设，2008，28 (4)：24-27.

[38] 葛素娟，陈淮．考虑吊杆损伤的拱桥稳定性分析 [J]．世界桥梁，2006，(3)：38-41.

［39］杜思义，等．某下承式钢管混凝土拱桥抗震分析［J］．郑州大学学报（理学版），2007，39（3）：165-169.

［40］孙增寿，孙征，陈淮．郑州黄河大桥主桥自振特性分析［J］．世界地震工程，2003，19（3）：129-134.